AF567712

Franz Ferstl

Die schönsten Gebete für Spaziergänge und Wanderungen

Franz Ferstl

Die schönsten Gebete für Spaziergänge und Wanderungen

camino.

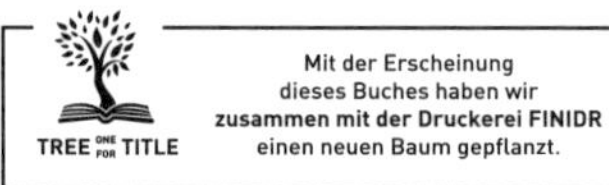

2. Auflage 2024
Ein camino.-Buch aus der

Umschlaggestaltung: Finken & Bumiller, Stuttgart
Gestaltung und Satz: Olschewski Medien GmbH, Bad Ditzenbach

Hersteller gemäß ProdSG:
Druck und Bindung: Finidr s.r.o., Lípová 1965,
737 01 Český Těšín, Tschechische Republik
Verlag: Verlag Katholisches Bibelwerk GmbH,
Silberburgstraße 121, 70176 Stuttgart

www.bibelwerkverlag.de
ISBN 978-3-96157-170-3

INHALT

GRUSSWORTT

Mit diesem Gebetbuch lässt uns Franz Ferstl teilnehmen an seinem Beten und mitgehen auf seinen Lebens- und Glaubenswegen.

Mehr als 15 Jahre war er Sprecher der Arbeitsgemeinschaft der österreichischen Diakone. Hier betet ein Diakon. Lebendig, konkret. Der ganze Tag, das ganze Leben hat Platz. Die kleinen lästigen und lustigen Dinge und die großen, manchmal erdrückenden und oft wunderbaren Fragen des Lebens. Ein Diakon, der wach und sensibel ist für das alltägliche Familienleben, aber auch für die Außenseiter und Verlierer, für Menschen, die an den Rand geraten sind – und deshalb auch für die Schwachstellen in unserem eigenen Leben und so manche Misserfolge.

Ein Diakon mit einem realistischen Blick für das Schöne und Gelungene, getragen von Dankbarkeit und Vertrauen, durchdrungen vom Blick für die anderen und deswegen von der Fürbitte.

Ich wünsche diesem Buch viele Menschen, die es zur Hand und sich zu Herzen nehmen, die mitbeten, mitgehen und mitleben.

Weihbischof Dr. Anton Leichtfried
Referatsbischof für die Diakone in Österreich

Einleitung – Mit dem Herzen beten

Einführung ins Gebet

Das Gebet war ein wesentliches Geschenk Jesu an seine Jünger. Er lehrte sie das „Vater unser“ und lebte ihnen vor, wo die Kraftquellen für sein Wirken lagen. Er zog sich oft vom Alltagsgeschehen zurück, um in den Dialog mit seinem Vater zu treten. Im Handeln Jesu erleben wir, dass sein Gebet kein Sich-Zurückziehen aus der Welt ist. Wir erleben, wie er die Realität des Lebens in sein Gebet hineinnimmt. Wir spüren, wie er die Seinen und ihre Welt vor den Vater hinbringt und seine Bitten um ihren Schutz ausspricht. Er lässt uns in seinem Beten teilhaben an seiner lebendigen Beziehung zu seinem Vater. Er lehrt seine Jünger und Jüngerinnen beten und trägt ihnen auf, diese Möglichkeit der Hinwendung an Gott und die Mitmenschen weiterzugeben, um so in die Gemeinschaft mit seinem und unserem Vater einzutreten.

Vorformulierte Texte als Hilfe am Weg

Was braucht es nun, um aus einem vorgegebenen Text ein Gebet zu entfalten? Jeder Leser bringt seine Erfahrungen mit und es braucht Zeit und Mut, das Vorgegebene mit den eigenen Vorstellungen und Erfahrungen in Einklang zu bringen. Was spricht mich an, was macht es in und mit mir? Was deckt sich mit meinen Erfahrungen und was löst es in mir aus? Helfen mir die vorgegebenen Gedanken, meine Situation zu verstehen und meine Erwartungen zu erfüllen? Führen sie mich weiter, wo ich gerade „sprachlos“ bin und keine Antwort auf meine Fragen finde? Sagen sie aus, was auch mir im Herzen und auf der Seele brennt? Es geht also weniger darum, nicht selbst denken und formulieren zu müssen, sondern mehr um ein Sprungbrett hin zu eigener Bewegung.

Es würde mich freuen, wenn meine in Versen und Absätzen vorgelegten Gedanken und Erfahrungen im Herzen der Leserinnen und Leser Wiederklang fänden und sie zustimmen könnten, dass diese sie weiterbewegen oder auch nur zum Hinterfragen des eigenen Suchens nach Wegen und Antworten werden.

Wozu ich Sie beim Lesen dieses Gebetsbuches einlade:

Mich haben meine Eltern beten gelehrt. Es waren nicht nur die Worte, die sie mir übermittelten, sie waren gedeckt durch ihr Leben und ihren Lebensstil. Im Teilnehmen an ihren Gebeten spürte ich das ehrliche Ringen mit ihrem Gott, dem sie in ihrer Einfachheit und Ehrlichkeit ganz vertrauten. Ich konnte an ihrem Vertrauensverhältnis mit Gott teilhaben, und das wurde mir zu einem wichtigen Erbe meiner Eltern: Gott meint es gut mit mir, er liebt mich und in schwierigen Situationen trägt er mich. Sie haben in ihrem Beten das zu Wort gebracht, was sie bewegte und was ihre Sehnsucht nach einem erfüllten Leben war. Geprägt durch diese Erfahrungen war es ein lebenslanges Ringen, im Gebet Worte zu finden, mit denen ich meinem Schöpfer und Erlöser Antwort gebe auf das, was ich bin und für ihn sein will.

Weiters versuchte ich, meine Erfahrungen als Pilger durchs Leben aufzuschreiben, um diese mit anderen teilen zu können. Gestärkt und ermutigt wurde ich durch Jesu Verhalten in seinem Leben und Wirken. Jesu Wirken in dieser Welt könnte zusammengefasst werden mit der Aussage: „Diesem Gott kannst du vertrauen."

Abschließend noch ein schönes Bild, was Gebet sein will, das mir durch ein Buch des verstorbenen Bischof Hemmerle unter dem Titel „Wie groß ist der Mensch?“ vermittelt wurde. Er geht davon aus, dass sich Kinder über die Körpergröße mit ihren Eltern vergleichen und feststellen, ich bin so groß, dass ich meinem Papa bis zur Schulter reiche oder meiner Mama schon über den Kopf. Er nimmt dieses Bild als Vergleich der Größe des Menschen mit Gott und hält fest: Der Mensch ist so groß – er kann sein Ohr am Herzen Gottes haben. Das ist seine Größe und sein Geschenk, dass wir mit unserem Ohr bis zum Herzen Gottes reichen und somit mit ihm kommunizieren können. Ein Menschenbild, das nicht nur die Größe Gottes und die Möglichkeit des Menschen ausdrückt, sondern genau das sagt, was Gebet sein will: „Unser Ohr am Herzen Gottes“ zu haben und so auf Augenhöhe mit ihm in Dialog treten zu können. Bischof Hemmerle entfaltet das Bild noch weiter und bezeugt durch sein Leben, dass zu diesem „Ohr am Herzen Gottes haben“ der Mensch nicht unbedingt Theologie oder Philosophie studieren muss, sondern dass es die Größe Gottes ist, wenn der Mensch am Boden und im Schmutz liegt und nicht mehr weiterkann, dass dann dieser Gott sich zu uns herabbeugt, damit auch da wir Menschen unser Ohr am Herzen Gottes haben können.

Mut zur Ehrlichkeit

Gott können wir nichts vormachen, er kennt die Gedanken unseres Herzens. So braucht das Gebet nicht Floskeln und Schönfärberei, sondern die Ehrlichkeit und zu dem stehen, was wir sind und erbitten. Wir können unser Herz vor dem Herrn ausschütten und ihm unsere Not und Ohnmacht anvertrauen. Wir können Freude und Leid vor ihn hintragen.

Hier hilft uns, ein „hörendes Herz“ zu erbitten. Hörend auf das, was in uns vorgeht und was uns bewegt, hörend auf die Freuden und Ängste unserer Mitmenschen, hörend auf das, was die Zei-

chen der Zeit uns sagen und hörend auf das, was das Wort Gottes in der konkreten Situation sagen will. In vielen Situationen, die uns bewegen, braucht es keine großen Worte, sondern ein schweigendes Mitfühlen und ehrliches Teilhaben und Teilnehmen an der Situation Anderer. In schwierigen Situationen, wenn uns unsere Ohnmacht lähmt, braucht es das fürbittende Gebet. Stellvertretend können wir für Menschen vor Gott hintreten und als Bindeglied die Freuden und Nöte im Gebet artikulieren. So können wir auch in der Welt und bei den Menschen viel verändern. Dieses Vertrauen basiert auf der Gewissheit, dass Gott um mich, die Anderen, die jeweilige Situation weiß, und dass nicht wir die Welt retten müssen, weil Gott schon am Werk ist.
So ersuche ich Sie als Leser und Leserin dieses Buches, die Gebete und Texte nicht nur zu lesen, sondern sie im Herzen zu bewegen. Mein Beitrag ist es, Sie an meinen Erfahrungen teilhaben zu lassen im Versuch, alles vor Gott anzusprechen und Sie so einzuladen, sich mit meinen Gedanken zu identifizieren, soweit dies Ihren Erfahrungen entspricht. Ich möchte Sie hineinziehen in die mir geschenkte Zuversicht, dass Gott uns Menschen liebt und unser Heil und ewiges Glück will. Es wäre schön, wenn manche Texte in Ihrem Herzen Wiederhall finden oder etwas auslösen, womit Sie mit eigenen Worten Ihrem Schöpfer danken und ihn preisen können. Die Texte wollen kein Ersatz für eigenes Beten sein, sondern Impulsgeber und Wegbegleiter für Sie.

Einführung ins Pilgern

Pilgern ist für mich ein Beten mit den Füßen, ein ganzheitliches Geschehen, das sich nicht nur im Kopf und in den Gedanken abspielt, sondern den ganzen bewegten Körper ausmacht und betrifft. Im Unterwegssein mit dem Versuch, bewusst in der Ge-

genwart Gottes mit Körper und Geist da zu sein, wird der Weg zu einem Gebet. Die Mystikerin Madeleine Delbrêl sagt: „Brecht auf ... man trifft Gott unterwegs und nicht am Ziel."
Es braucht auch beim Gebet nicht große Worte, es braucht nur das Hinhören auf das, was der Geist uns eingibt. Es braucht ein Leerwerden, damit Gottes Gegenwart einen Ort in uns findet. Ein Offensein für das, was Gott uns unterwegs mitteilen will. Ein bewusstes „Hier bin ich, rede Herr, dein Diener hört." Und beim Pilgern ein Schauen, damit wir das Dahinter erahnen und tiefer erkennen können. Einfach da sein, damit Gott sich uns schenken kann. So kann das Gebet beim Pilgern und das Pilgern im Gebet ein wichtiger Impuls sein. Für das, was mir in die Augen springt, gibt es ein Echo im Herzen. Ich will ein „Danke" sagen dem, der mich das erleben lässt. Dankbar für die Füße, auch wenn sie schmerzen, ein tiefes Ausatmen, wenn das Tagesziel in den Blick kommt. Nachsinnen über das Erlebte und Geschenkte, es einfach niederschreiben, um es mir später erneut bewusst zu machen und es mit anderen teilen zu können.
Beim Pilgern geht es letztlich – so wie beim Gebet – um die Suche nach Frieden, Glück und Gott, dabei kann beten und singen helfen. Pilgern wird zum Beten mit den Füßen.

Viele Menschen können ihrer Sehnsucht nach einer Wallfahrt, einer Wanderung zu einem der Pilgerorte aus körperlichen oder gesundheitlichen Gründen nicht nachkommen. Es geht aber nicht um körperliche Leistungen, vielleicht genügt das Aufsuchen einer Kirche oder eines Wegkreuzes oder einer Kreuzwegstation am Weg. Es kann ein Besuch der Taufkirche an meinem Tauf- oder Geburtstag zu einer Erneuerung der Beziehung mit Gott werden. Die in diesem Büchlein wiedergegeben Gedanken und Gebete wollen dazu eine kleine Hilfe sein.

Gebet als Geschenk – im Herzen leuchtet ein Funke des Lebens auf

Du führst uns hinaus ins Weite – du machst unser Leben hell

Täglich holst du mich heraus aus der Enge des eigenen Ichs,
täglich öffnest du mir durch dein Wort den Blick auf das Ganze,
täglich schenkst du mir die Möglichkeit, deine Wege mit mir zu finden,
täglich lässt du mich erleben, wo du mir zum Lebensquell Zugang gibst,
täglich lehrst du mich durch die Natur, dem Leben neu zu vertrauen,
täglich nimmst du mich hinein in deine Weisheit, um das Leben neu zu entdecken,
täglich führst du mich weiter hinein in meine zukünftige, ewige Gestalt,
täglich bereitest du mich vor auf das, was ich einmal sein werde,
täglich trägst du mich auf Händen, damit mein Fuß nicht an einen Stein stößt.

Jeder Tag ein Geschenk Gottes

Als ich heute meine Augen öffnete, lag neues Land vor mir,
das Zukunft in sich trägt.
Ich trat ein in ein Leben, das mir zur Gestaltung überlassen ist.
Es eröffnete sich eine Chance, das Gestrige fortzusetzen und
Begonnenes weiterzuführen.
Ich kann teilhaben am Lebensraum aller Menschen, kann
ihn mit Leben füllen.
Glücklich, wer diesen Tag mit anderen teilen und Freude
und Leid mit ihnen gemeinsam tragen kann.
Selig, wer einen Wert gefunden hat, der es wert ist, für ihn
mit ganzem Herzen zu leben.
Ich strecke mich freudig aus nach dem, was vor mir liegt.
Ich will mich aufrichten und das annehmen,
was mir geschenkt wird.

Dank sei gesagt für das Leben, das auf Erfüllung wartet

Dank für das Neue, das mir Freiheit eröffnet.
Dank für das Schöne, das mir die Augen öffnet.
Dank für das Verborgene, das es zu erschließen gilt.
Dank für das Schwere, das mich wachsen lässt.
Dank für das Vertrauen, dass ich den neuen Tag mit Gottes
Hilfe schaffen werde.

Gebet ist Leben im Heute

Dem Gegenübertreten, der in Liebe darauf wartet,
ganz da sein für den, der uns in sein Inneres führen will,
sich abholen lassen an der Schwelle menschlichen Daseins,
alles loslassen, was ich mitgebracht habe.
Dem Raum geben, der mir seinen Raum eröffnet,
mich hineinziehen lassen in einen Dialog mit dem,
der mir sein Herz öffnet
und nichts zurückhalten, was nicht Sein ist und Leben in sich trägt.
Mich tragen lassen von seiner Weisheit und Güte,
Aufnehmen, was von ihm kommt und mich verwandeln will.
Mich dem Lebendigen überlassen, um mit gewandeltem Herzen neu zu erstehen, als im Herzen neu Geborener mich dem Licht des Lichtes stellen.

Gebet – dem Leben im Lichte Gottes Raum geben

Öffne dich der göttlichen Weisheit,
um neues Licht in dein Leben zu bringen!
Bitte um Erleuchtung,
damit du das Ganze sehen kannst und im Blick hast!
Vertrau auf deine Sehnsucht,
die dich herauslockt aus dem Gestrigen:

Sag Ja zu dem, was aus dir geworden ist,
Sag Ja zu dem, was noch vor dir liegt,
Sag Ja zu dem, wozu du dich berufen fühlst!
Schenk Vertrauen dem, der dich bisher getragen hat!
Erbitte Zuversicht in das, was du zum Leben beitragen kannst!
Gib das weiter, was du im Herzen trägst!

Alles ist Geschenk

Die Zeit, in die ich hineingestellt bin:
von Geburt an bis heute
Der Ort, der mir die Gegenwart zur Gegenwart macht:
Seine und meine
Das Dasein im Dasein – um zu entdecken:
ich bin und werde sein
Das Leben im Leben – indem mir die Sinne beim Entdecken und Auskosten helfen
Die Träume – um zu unterscheiden,
was reifen will und wachsen kann
Die Menschen – um Mensch zu werden.
Auf die Hoffnung setzen,
um die eigenen Grenzen zu überschreiten
Auf den Glauben bauen,
um durch die Berufung über sich selbst hinauszuwachsen
In der Liebe wachsen,
um im Leben Sinn und Erfüllung zu finden.

Er ist es, der uns trägt,

wenn die eigene Kraft nicht ausreicht,
wenn die vielen Ideen sich in Luftschlösser auflösen,
wenn die gestrigen Pläne nicht mehr stimmig sind,
wenn das Morgen seine Schatten vorausschickt,
wenn auch Freunde nicht mehr weiterhelfen können.
Dann geht es darum, neue Kraftquellen zu erschließen.
Dann können wir aufbrechen und Hilfe suchen.
Dann braucht es eine Neuorientierung:
Dann gibt es einen, der das Herz brennend macht,
dann öffnet er seine Seite und zeigt seine Wunden,
dann lädt er zum Mahl am Ufer ein,
dann bietet er festen Boden an.

Beten

Nicht mein Werk, sondern Gottes Wirken in mir.
Nicht mein Weg zur Heiligkeit, sondern unser Weg.
Nicht der Weg, mich selbst zu retten,
sondern Gottes Plan mit mir.

Göttliches Licht

Leuchte hinein in mein inneres Wesen und erhelle meinen
Leib als ein von dir geschaffenes Geschöpf.
Leuchte hinein in mein inneres Sein und erhelle meinen
Geist als das von dir geschaffene Dasein.
Leuchte hinein in mein inneres Dasein und erhelle meine
Gedanken als Weg, dich zu erkennen.
Leuchte hinein in die Tiefen meiner Seele und erhelle meine
Sinne als Werkzeug, dir zu dienen.
Leuchte hinein in mein Dasein auf Erden und erhelle meinen
Willen als Chance, dich zu loben.
Leuchte hinein in meine Vergangenheit und erhelle meine
Erfahrungen.
Leuchte hinein in meine nächtlichen Träume und erhelle sie
als meine Wegweisung.
Leuchte hinein in meine Gegenwart und erhelle meine
Berufung, dich groß zu machen.
Leuchte hinein in mich und lass mich leben zu deiner Ehre
und zu meinem Heil, der ewigen
Gemeinschaft mit dir.

Beten ist anders,

kein Nachplappern von schönen Phrasen wie sie im Buch stehen,
kein Aufsagen von vorformulierten Reimen,
kein Nachlesen von Erfahrungen von anderen,
kein Anhören von Wundererzählungen,
kein Nachforschen, wie andere Heilige wurden,
kein Nachschlagen im Lexikon, um sich Anweisungen zum geglückten Leben zu holen.
Beten heißt vielmehr,
die eigenen Erfahrungen und Herausforderungen im Licht Gottes zu betrachten.
Sich hineinziehen zu lassen in den Dialog mit Gott.
Sich den vielfältigen Wegen, die Gott für uns bereithält, auszuliefern.
Sich aus der Hand zu geben und die Führung seinem Willen zu überlassen.
Es ist ein Versuch, Worte zu finden, die das, was er uns anbietet im Herzen bewegen.
Die eigenen Vorstellungen der liebenden Gegenwart Gottes zu überlassen, im Vertrauen, dass er mich weiterführen kann.
Gebet ist ein Wagnis, sich auf eine Wandlung mit offenem Ende einzulassen.

Gott sucht unsere Nähe – er wartet auf Antwort

Gottes Nähe, die mich froh macht

Nähe, die Frieden erleben lässt und nach innen führt.
Nähe, die Vertrauen stärkt und Zuversicht schenkt.
Nähe, die aufatmen lässt und froh macht.
Nähe, die Mut macht, das Angestrebte zu erreichen.
Nähe, die Selbstvertrauen aufbaut und Zukunft schenkt.
Nähe, die über mich hinausschaut und mich wachsen lässt.
Nähe, die Raum gibt zum Wachsen und Werden.
Nähe, die das Herz weit macht.

Du bist da

Du willst da sein, wo ein Anfang da ist,
aber noch nicht erkannt wird.
Du bist da, wo das Ende in Sicht ist,
wo du dahinter als Retter wartest.
Du bist gegenwärtig,
wo der Boden des Erfolges nicht mehr trägt.
Du bist nahe, wo die Freiheit groß geschrieben wird
und zum Vorwand wird für Distanz.
Du bist lebendig, wo der Tod die Grenze ist,
aber dein Reich beginnt.
Du bist verborgen, wo die Not groß,
aber deine Barmherzigkeit schon wirksam wird.
Du bist uns nahe, wo wir dich suchen
und nur im Glauben erahnen können.
Du bist es, der uns entgegenkommt, wenn wir ja sagen.

Herr, du bist da

Wenn ich die Welt betrachte und mich selbst mitten darin,
ersehne ich von dir, Gott, die Weisheit zu erkennen,
welcher Anteil daran der meine ist.
Wenn ich die Welt betrachte und mir der Vielfalt von
Möglichkeiten bewusst werde, die du mir mitgegeben hast,
erbitte ich deinen Geist, um das Richtige zu tun.
Wenn ich die Welt betrachte und alles, was auf ihr und über
ihr an Wunderbarem geschieht, bitte ich um Demut, um dich
als Schöpfer bekennen zu können.
Wenn ich die Welt betrachte und die Verschiedenheit der
Menschen entdecke, erbitte ich von dir den Frieden und die
Liebe, die du uns ins Herz gelegt hast, um allen wertschätzend
zu begegnen und mit ihnen als Geschwister die Welt zu
gestalten.

Eintauchen

In eine innere Erfahrung, die das Herz bewegt.
Hineinhören in die inneren Regungen und Sehnsüchte,
in eine leise Stimme, die meine Seele hört,
in die Stille der Seele, die einen Fühler in göttliche Sphären hat,
in einen Klangraum, der den eigenen Lärm ausblendet,
in ein Verhalten, das das Verstummen der egoistischen
Wünsche ermöglicht.
In einen Geist der Geschwisterlichkeit,
der dankbar ist für das Leben.

Wenn ich die Welt betrachte

Wo du von Herzen gesucht wirst,
wo unsere inneren Sehnsüchte echt sind,
wo du Platz findest in unserem Denken und Tun,
wo wir dir eine Chance geben, in uns Fuß zu fassen,
wo wir dich an uns herankommen lassen,
wo wir unser Herz öffnen für deine Frohbotschaft,
wo wir deinen Willen zu unserem machen,
Dort kann dein Wort in uns Früchte tragen,
dort wird dein Wille erkannt und angenommen,
dort erfüllt sich die Zeit der Menschwerdung durch uns,
dort kann sich das Leben entfalten.
So wird dein Wille erkannt und angenommen,
so wird dein Reich durch uns lebendig,
so wird Neues wachsen und Frucht bringen,
so wird dein Name verherrlicht.
Dafür möchten wir dich preisen,
dafür können wir dir neue Lieder singen.
Dafür lasst uns Gott danken!
Dafür lohnt es sich, sein Leben einzusetzen.
Wenn du uns trägst und unser Herz leitest,
wird die Welt gesund und heil.

Gott lädt uns ein,

in einen Dialog mit ihm zu treten durch die Erfahrung der
Vielfalt der Natur, wo wir seine Handschrift erkennen,
in seiner Gegenwart bei den Ausgegrenzten seine Gerechtigkeit zu entdecken, wo wir am Reich Gottes mit bauen,
unseren Weg als ein Leben für andere aufzuzeigen und in
Jesu Auferstehung Leben in Fülle zu entdecken,
uns durch Jesu bleibende Gegenwart in der Eucharistie
verwandeln zu lassen,
uns auf den Weg zu machen, der von Liebe geprägt ist,
der uns in die Gemeinschaft mit seinem Vater führt.

Hineingezogen in das göttliche Geschehen erkannte ich,

dass seine Einladung, ihm zu vertrauen, ein Schritt seines
Vertrauens zu mir war,
dass der Ruf, Gott zu dienen, die Fülle des Lebens in der
Nachfolge lebendig macht,
dass das Wort Gottes Leben und Wandlung in sich trägt.
Dass ich nur als Verwandelter andere verwandeln kann,
dass er mich kreativ sein lässt und ich dabei selbst lebendig
werde,
dass er nicht meine Leistung will, sondern mein Herz.

Mitgift

Es gibt eine Stimme in dir, die sich nicht aufdrängt,
aber da ist, um dein Inneres zum Klingen zu bringen.
Es gibt eine Stimme in dir, die dich lockt,
über dich selbst hinauszuwachsen.
Es gibt eine Stimme in dir, die dich ruft, zu wachsen und
Tuchfühlung mit anderen aufzunehmen.
Es gibt eine Stimme in dir, die dich begleitet, um dir
Sicherheit zu geben, wenn dich der Boden nicht mehr trägt.
Es gibt eine Stimme in dir, die dich schützt,
wenn Gefahr auf dich zukommt.
Es gibt eine Stimme in dir, der du vertrauen kannst,
dass Gott dein Glück will.
Es gibt eine Stimme in dir, die schon dein Ziel kennt und
dein Wachsen und Werden begleitet.
Es gibt eine Stimme in dir, die den Tod nicht mehr fürchtet,
weil dir vom Schöpfer schon ein Platz im Himmel
bereitgestellt ist.

Es gibt Zeiten in unserem Leben,

die etwas in sich tragen, was Glück erwarten lässt.
Es gibt Erfahrungen in unserem Leben, die wir nicht gerne
loslassen, weil wir glauben, alles selbst machen zu können.
Es gibt Zustände in unserem Leben, die uns mit allen
Menschen verbinden.

Es gibt Erkenntnisse in unserem Leben,
die die Rätsel der Gegenwart lösen.
Es gibt Einsichten ins Leben anderer,
die unser Weltbild verändern und Zukunft versprechen.
Es gibt Handlungen im Leben, die wir auslöschen wollen,
weil sie unseren Herzensfrieden stören.
Es gibt die Liebe in unserem Leben, die heilen kann und es gibt eine Vergebung durch Gott, die uns einen Neuanfang schenkt.

Wir wollen auf alle Fragen eine Antwort von Gott

Wenn wir nur auf uns selbst schauen, bleibt unser Sein und Wirken als Mensch ein Geheimnis,
doch schauen wir auf die Natur, kann sie uns ihre Wunder darlegen.
Schauen wir auf die Vielfalt der Farben, kann sich die Fülle der Farbtöne unseren Augen erschließen.
Nehmen wir die vielen Klänge der Musik wahr, kann sich uns die Fülle der Harmonie eröffnen.
Nehmen wir die Unterschiedlichkeit der Menschen und ihrer Schicksale wahr, können wir die verschiedenen Lebensentwürfe und die vielen Wege auf der Suche nach Glück entdecken.

Vieles ist und bleibt uns Menschen verborgen

und ein Geheimnis für die Ewigkeit.
Vieles wurde erforscht, viele Zusammenhänge entdeckt,
und doch bleibt vieles unentdeckt und ein Wunder.
Vieles beschäftigt unseren Geist und bewegt unsere Herzen,
und dennoch liegt vieles im Verborgenen.
Viele Fragen haben wir an den Schöpfer des Seins
und erkennen doch einen Plan und eine Weisheit dahinter.
Je mehr wir eindringen in die Geheimnisse des Lebens
und der Welt, umso mehr bleibt uns das Staunen und die
Dankbarkeit, dass uns einer in seinen Händen hält
und uns doch die Welt anvertraut hat.

Gott als Ansprechpartner

Es braucht den Verbündeten – Jesus, den Bruder.
Es braucht ein Erbitten des göttlichen Geistes,
um – getragen von diesem – sich auf den Weg zu machen.
Er lädt mich ein, mich als Stellvertreter anzubieten für
Menschen, die ich zu Gott mittragen will.
Es braucht die Erfahrung, die mir die Zuversicht gibt,
dass er mich erwartet.

Es braucht einen Raum, in dem ich diesen Dialog mit meinem Schöpfer suche.
Es braucht Zeit, die für meinen Dialog mit meinem Schöpfer reserviert ist.
Es braucht einen Vertrauensvorschuss „Hier bin ich – was willst DU? ICH bin bereit!"

Gebet heißt

Sich an Gott wenden und unsere Freuden und Nöte – wie sie die Psalmen in Worte kleiden – ausdrücken.
In Worte von Heiligen einstimmen, die ihr Leben ganz in Gottes Hände gaben und ihr Vertrauen in Worte gefasst haben.
Im Namen Jesu zu seinem Vater sprechen, dem er alles verdankt.
In Verbundenheit mit Jesus stellvertretend einzutreten für andere Menschen.
Mit Jesus verbunden sein, um sich von Gottes Willen leiten zu lassen.
Das in ihm begonnene Reich Gottes schon in diesem Leben für die Menschen erfahrbar zu machen.
In der Trunkenheit des Heiligen Geistes das in Worte und Lieder fassen, was im Herzen geformt, in Dankbarkeit erlebt und im Lobpreis auf den lebendigen Gott erschallen soll.

Diesem Gott kannst du vertrauen

Vielleicht liegt es schon lange zurück und ist überdeckt mit eigenem Erleben.
Vielleicht ist dies unsere gemeinsame Erfahrung.
Vielleicht war es damals anders und unreflektiert.
Vielleicht habe ich das Gegenteil erlebt und daran gelitten.
Vielleicht hat sich die Frage schon lange nicht gestellt.
Vielleicht habe ich mich weiterentwickelt.
Und doch gibt es Gründe und Fragen,
die ich mir nicht beantworten kann,
Erfahrungen, die mich vor die Entscheidung des Glaubens stellen.
Und doch bleibt die Möglichkeit,
die Vertrauensfrage zu stellen,
eröffnet sich mir die Freiheit der Wahl neu,
die Frage nach Gott zu stellen.
Einen Versuch wäre es wert, das zu erfragen was wirklich im Leben trägt.
Einen Versuch wäre es wert, Gott eine Chance zu geben und mich neu auf ihn zu verlassen.
Einen Versuch wäre es wert, herauszufinden, ob sein Angebot, mich auf ihn einzulassen, noch immer steht.

Gebet – sich dem Leben stellen

Nicht Worte sind es, die ausdrücken wollen,
was das Herz bewegt,
es ist das nackte Dasein, das sich dem Schöpfer und Erlöser stellt.
Nicht Bitten sind es, um deren Erfüllung wir uns an Gott wenden,
es ist die Dankbarkeit, die etwas an den Schöpfer zurückgeben will.
Nicht Hilferufe sind es – wenn alles andere versagt –,
es ist die Antwort auf das Ringen um ein wahres Sein vor dem Lebendigen.
Nicht Selbstdarstellung ist es, was wir Gott anzubieten haben,
es ist ein Bezeugen des Vertrauens ihm gegenüber,
der uns alles gegeben hat.
Gebet ist Danksagen für das Reich Gottes,
das uns schon für diese Welt gegeben ist.

Ich vertraue dir, meinem Gott,

dass du alles, was du mir gibst, zum Heil für andere machen kannst,
dass du durch mich wirken willst, dass die Welt heiler wird,
dass du meine Hand hältst und mich zum Werkzeug deiner Liebe machst,
dass ich, wenn ich mich dir überlasse, zum Sakrament des Lebens werden kann.
Dass ich, wenn ich dir mein Ja gebe, Glauben in den Herzen der anderen bewirken kann,
dass ich, wenn ich nicht vor dir flüchte, zum Hoffnungsstrahl werden kann,
dass ich, wenn ich dich in mir wohnen lasse, zu einem Hoffnungsort für Orientierungslose werden kann.
Herr, hier bin ich – lass mich deine göttliche Gegenwart spüren:
Hier bin ich – mach mich zum Diener deiner Freude.
Hier bin ich – sende mich täglich neu.
Hier bin ich – nur durch dich bin ich was ich bin, bin ich dein Werkzeug, bin ich ein Funke deines Heils.
– Mit dir bin ich ICH.

Das Ja zum Leben wird zum Gebet

Jedes Aufblicken des Menschen zu Gott als Schöpfer ist ein Gebet.
Jedes sich Ausstrecken nach Gottes Gegenwart öffnet uns ein Tor zum Himmel.
Jede Sehnsucht, seine Dankbarkeit für das geschenkte Leben auszudrücken, ist Lobpreis.
Jedes Erbitten von Vertrauen in seinen Plan der Liebe ist ein Schritt seiner Zuwendung.
Jedes Aufflackern des Zutrauens, dass er es gut meint, ist ein Zeichen, dass er mit uns ist.
Jedes Ja zum Leben, wie es ist, birgt die Hoffnung eines geglückten Lebens in sich.
Jedes mit Atem erfüllte „Halleluja“ über das Geschenk des Lebens wird zum Gebet.

Suchen, was dahintersteckt

Dem tief Verborgenen nachgraben,
den überraschenden Gedanken aufgreifen,
das Verschlossene als Charisma annehmen,
den Weitblick auskosten,
über einen Traum nachsinnen,
den geebneten Weg weitergehen,
dem Weg zum Leben folgen.
Das Zu-gefallene dankbar annehmen,
dem nachspüren, was uns das Ziel klarer macht.
Dem nachgehen, was den Weg zum Herzen anderer öffnet.
Das als Herausforderung und Gnade annehmen, was uns
Gott näherbringt.

Du bist es,

der auf uns wartet, der bereit ist, mit uns die Last des Alltags
zu tragen,
der unsere Taubheit für das eigentliche Leben heilen kann,
der unsere Sinne auf das Wesentliche ausrichten kann, der
unsere Augen öffnen kann für unsere persönliche Berufung,
der unsere Füße lenken kann zu heiligem Boden, der unseren
Geist für die inneren Quellen der Freude erschließen kann,
der unser Tun fruchtbar machen kann für ein erfülltes
Leben, der unser Herz mit Freude und Vertrauen
überschütten kann,
der die Sehnsucht unserer Seele mit ewigem Glück bereichern
kann und immer darauf wartet, für uns Heiland zu sein.

Gott hilft zu neuer Freiheit – er will uns zum Leben in Fülle führen

Er lockt mich

Er führt mich zu Menschen,
die ein Zeichen seiner Liebe brauchen.
Er stellt mir Aufgaben,
die meine ganze Kraft brauchen.
Er überrascht mich mit Menschen,
die mir seine Wege zeigen und mich begleiten.
Er lockt mich in die Ferne,
um mich ganz in seiner Nähe zu haben.
Hinter allem was er tut,
darf ich den Plan seiner Liebe erkennen.

Sei du die Tür, durch die wir staunend eintreten
in Seine Herrlichkeit.
Sei du der Berg, auf dem Gott uns Jesus
als seinen ewigen Sohn offenbaren will.
Sei du der Fisch, der uns verschlingt,
um uns am anderen Ufer auszuspeien.
Sei du der brennende Dornbusch,
der uns anzieht und heiligen Boden spüren lässt.

Wir erwarten sonst nichts
– lass unter uns heiligen Boden sein.
Wir erbitten sonst nichts
– lass dein Angesicht über uns leuchten.
Wir ersehnen sonst nichts
– zieh uns hinein in deine göttliche Gegenwart.
Wie erhoffen sonst nichts
– lass uns teilhaben an deinem Leben.

Hier bin ich,

mit meiner Vergangenheit,
die verwandelt werden will,
mit meiner Familie,
die du mir geschenkt und anvertraut hast,
mit meinen beruflichen Erfahrungen,
den Talenten und Erfolgen,
mit meiner gesellschaftlichen Einbettung,
die geheiligt werden will,
mit meinen sozialen Beziehungen,
die geläutert und entfaltet werden wollen,
mit meinem Scheitern und meiner Suche
nach Heil und Heilung,
mit meinen Versuchen,
deinen Willen zu erahnen und durch mein Tun zu erfüllen.

Armut Gottes

Gott hat sich zum Bettler um unsere Liebe gemacht.
Gott hat sich zum Nichts gemacht,
um alles für uns zu werden.
Gott hat sich vergänglich gemacht,
um uns die Ewigkeit schenken zu können.
Gott ist aus Liebe zu uns arm geworden,
um die Fülle seines Reichtums mit uns zu teilen.

Wo Menschen uns Ansehen schenken, lebt unser Herz auf

Wo Menschen uns in ihr Herz schauen lassen,
entsteht Vertrauen und Verbundenheit.
Wo Menschen unsere Nähe suchen,
baut sich eine Seelenfreundschaft auf.
Wo Menschen sich auf die Nöte anderer einlassen,
kann Gott die Frucht der Liebe schenken.
Wo Menschen gemeinsam den Schöpfer des Lebens suchen,
können sie seinen Heiligen Geist als Beistand erfahren.
Wo Menschen Jesus als ihren Herrn und Erlöser annehmen,
da kann Gott den Frieden des Auferstandenen ausgießen.
Wo Menschen sich selbst zum Geschenk für andere machen,
kann Gott als Menschgewordener erlebt werden.
Wo sich Menschen auf Augenhöhe treffen,
kann Gottes Geist lebendig werden.
Wer sein Leben nicht festhält, kann eine Verwandlung
vom Tod zum Leben erfahren.
Wer den Tod nicht als Bedrohung, sondern als Durchgang zu
mehr Leben annimmt, kann schon im Leben Auferstehung
erfahren.

Gebt dem Leben Raum, um selbst ergriffen zu werden!

Schafft Fakten, um im Dasein nicht daneben zu stehen!
Öffnet euch der göttlichen Weisheit, um neues Licht in euer Leben zu bringen,
bittet um Erleuchtung, damit ihr das Ganze im Blick haben könnt!
Vertraut auf eure Sehnsucht, die herauslockt aus dem Gestrigen:
Sag Ja zu dem, was aus dir geworden ist,
Sag Ja zu dem, was noch vor dir liegt,
Sag Ja zu dem, wozu du dich berufen fühlst.
Schenk Vertrauen dem, der dich bisher getragen hat.
Hab Zuversicht in das, was du fürs Leben beitragen kannst!
Gib das weiter, was du im Herzen trägst und als Glück für andere bestimmt ist.

Nicht für sich festhalten

Weitergeben – was wertvoll ist
und durch Teilen mehr werden kann,
erfüllen – was noch leer ist und Raum bietet,
verschenken – was ich im Herzen trage
und was Anderen zum Leben hilft,
vertrauen – was mir gegeben ist,
um dem Leben Tiefe zu geben,
erahnen – was noch in den Sternen steht,
wahrmachen – was zur Überraschung werden kann,
vorleben – was Leben in sich trägt
und den Weg zur Liebe zeigt.

Freude als Lebensstil

Freude ist ein Geschenk, das das Herz aufgehen lässt.
Freude ist ein Gefühl, wie wenn uns der Himmel küsst.
Freude ist eine Erfahrung, die unsere Gedanken sprengt.
Freude ist ein Erlebnis, das die Zukunft öffnet.
Freude ist ein Zeichen, das dem Leben einen tieferen Sinn auftut.
Freude ist eine Quelle, deren Wasser ausgetrocknetes Land lebendig macht.
Freude ist ein Lebensstil, der ansteckend ist
und der zum Blühen bringt,
was noch im Verborgenen schlummert.

Gott hat uns einen Leib gegeben,

und dazu die Freiheit, diesen mit Leben zu füllen.
Er hat uns einen Platz in dieser Welt zugewiesen, und dazu die Freiheit, diese Zuweisung anzunehmen und auszufüllen.
Er hat uns mit Sinnen ausgestattet, und uns dazu die Freiheit gegeben, diese zu unserem Wohl und Wachsen einzusetzen.
Er hat uns das Gewissen mitgegeben, und dazu die Freiheit, es zu unserer Orientierung zu nützen oder es zu unterdrücken.
Er hat uns einen Geist als Atem für die Seele eingehaucht, um diesen in Freiheit für das Gute einzusetzen.
Er hat uns mit einer Seele ausgestattet und die Freiheit mitgegeben, durch sie mit unserem Schöpfer ein ganzes Erdenleben lang in lebendiger Verbundenheit zu bleiben.

Leben erbat ich vom Herrn

Wer sonst als der Schöpfer weiß, was ich gerade brauche?
Wer sonst als der, dem ich mein Leben verdanke, kennt meine Sehnsucht nach Glück?
Wer sonst als der Geber der Gaben kennt meine Leere und weiß, wie sie zu stillen ist?
Wer sonst als der, der am Anfang meines Weges stand, weiß um die Freuden und Ängste des Weges zur Erfüllung?

Wenn Gott bei dir anklopft,

will er dein Leben reicher machen, will er dich weiterführen
will er dir einen neuen Zugang zum Leben geben,
will er dich herausholen aus der Selbstverstrickung,
will er seine Verheißungen einlösen,
will er seine Zusagen zur Realität machen.

Vielleicht hat er schon lange auf diesen Augenblick gewartet,
vielleicht hast du seine früheren Versuche ausgeschlagen,
vielleicht war dir seine Stimme noch nicht vertraut,
vielleicht warst du gerade zu sehr mit dir selbst beschäftigt,
vielleicht hast du bewusst „jetzt nicht" gesagt!

Doch er versucht es immer wieder, dein Ohr zu erreichen.
Er meldet sich auf verschiedenste Weise, um dein Herz zu erreichen.

Seine Botschaft will dir Antwort geben auf die tiefsten
Sehnsüchte und Fragen, die dich bewegen.
Sein Werben will dir bewusstmachen,
dass er dein Wohl in seinem Herzen trägt.
Seine Versuche, dich zu einem Dialog mit ihm zu bewegen,
wollen dich an seiner Freude teilhaben lassen.
Sein Anliegen ist es, dein Herz zu gewinnen,
damit er dich tragen und glücklich machen kann.

Freude am Leben

Sich an den Kleinigkeiten des Lebens erfreuen:
An einer Begegnung, die aufbaut und Mut macht,
an einem guten Einfall, der der uns durch die Lösung einer
Sorge aufatmen lässt.
Durch einen Blick auf ein Foto,
das gute Erinnerungen auslöst,
durch eine plötzliche Einsicht,
die große Herausforderungen bewältigbar macht.
An einer Melodie, die sich aufdrängt und
Freude im Gemüt weckt.
Durch einen Zufall, der mich überrascht
und ein Licht im Herzen aufgehen lässt.
Am Abflauen eines Schmerzes,
am Lächeln eines Menschen.
Nimm die kleinen Zeichen, dann ist Größeres möglich.
Greif Veränderungen auf, damit für Neues Platz wird.
Brich aus der Starrheit aus,
damit du dir nicht selbst im Wege stehst.
Lass dir von anderen helfen
– die eigene Welt ist zu eng und zu klein für dich.
Gib Gott eine Möglichkeit
– er ist für Überraschungen gut!

Die Zeiten ändern sich

Als ich jung war, faszinierten mich seine Wunder
und ich wäre gerne dabei geblieben.
Als ich heranwuchs, begeisterten mich seine Lehren
und sein Einsatz für Gerechtigkeit.
Als ich selbst mein Leben gestalten konnte, überzeugten
mich seine Konsequenz und seine klaren Worte.
Als ich als Verantwortlicher für andere gefordert war,
begeisterte mich sein Umgang mit den Jüngern.
Als ich bedachter wurde, schätzte ich sein Zurückziehen
und seine Rücksprache mit dem Vater.
Als ich in der Mitte meines Lebens stand, machte mich seine
Treue zum Willen seines Vaters betroffen.
Als ich mit dem Alter Verantwortung abgeben musste,
wurde mir der Stellenwert seiner Sendung als Sohn Gottes
und Freund der Menschen bewusst.
Da ich jetzt in Dankbarkeit auf ein erfülltes Leben
zurückblicken kann, wird mir meine Erlösungsbedürftigkeit
einsichtig, sowie auch die Zeiten, in denen er mich
getragen hat.

Leben erbitte ich von dir

Gib mir ein waches Herz, das deine Nähe sucht.
Gib mir Zuversicht, damit ich deinen Verheißungen vertraue,
gib mir den Mut, mein Tun zu hinterfragen.
Gib mir lebendigen Glauben, der Wachsen
und neues Erkennen zulässt,
gib mir eine tiefe Hoffnung, die aus deinen Zusagen kommt.
Gib mir verantwortungsbewusstes Vertrauen, das in Angriff
nimmt, was festgefahren ist.
Gib mir eine kreative Liebe, die aufnimmt und wachsen
lässt, die verschenkt, was sie von dir empfängt,
und die reifen lässt, was noch Zeit braucht.

Selbst hineingezogen in das göttliche Geschehen erkannte ich,

dass der Ruf, Gott zu dienen, die Nachfolge lebendig macht,
dass seine Einladung ein großer Schritt seines Vertrauens zu
mir war.
Dass das Wort Gottes Leben und Wandlung in sich trägt,
dass ich als Verwandelter andere verwandeln kann.
Dass er mich kreativ sein lässt und ich dabei selbst lebendig
bleibe,
dass er nicht meine Leistung will, sondern mein Herz.

Vor Gott brauchen wir nur die Echtheit des Seins,

nur die Ehrlichkeit zur Vergangenheit und Gegenwart,
nur das Vertrauen in das Gestern und Heute,
nur den Glauben an das, was uns prägt und erhält.
Nur die Hoffnung, dass er uns wie im Vergangenen trägt,
nur den Glauben, dass er uns besser kennt als wir uns selbst,
nur die Gewissheit, dass er das vergibt, was uns hindert, echt zu sein,
nur die Zuversicht, dass er unser irdisches Leben in ewiges verwandeln will,
nur das Vertrauen, dass er uns Hoffnung und Zukunft gibt,
nur die Ehrlichkeit, dass er allein Leben in Fülle schenken kann,
nur die Echtheit, dass er uns ins Leben geliebt hat.

Wir dürfen es Gott sagen,

was uns am Herzen liegt und was wir nicht mit eigener Kraft schaffen,
was uns bewegt und nicht zur Ruhe kommen lässt,
was uns an Ängsten und Nöten bindet,
was uns im Zusammenleben freut,
was uns als Frage unbeantwortet bleibt,
was uns an Kräften und Möglichkeiten übersteigt und lähmt,
das alles können wir mit unserem Schöpfer und Erlöser teilen:

unsere Freuden und Sorgen um unser Leben, unsere
Hoffnungen und Ängste um unsere Zukunft,
unsere Erwartungen und Wünsche für uns selbst
und die uns Anvertrauten,
unsere Kräfte und unser Versagen.
Er, der uns das Leben gegeben hat, hört unser Gebet.

Was wir füreinander tun können

Wir haben es in der Hand, für unsere Mitmenschen da zu sein:
Wenn wir aufmerksamen hinhören, was den anderen bewegt,
was ihm fehlt,
wenn wir bewusst hinschauen, wo sich Menschen schwertun,
wenn wir Vertrauen schenken, damit sich der Partner
aufrichten kann,
wenn wir Freude und Leid miteinander teilen und es
gemeinsam tragen,
wenn wir füreinander einstehen und den anderen nicht im
Regen stehen lassen.
Es kann aber auch mehr sein, was von uns her möglich ist:
Schwächen und Defizite annehmen, teilhaben an den Nöten
anderer,
stillhalten und mittragen der Sorgen, die bei uns abgeladen
werden,
Verantwortung übernehmen, die uns Kraft kostet,
Anteil geben an unseren Stärken und so dem anderen auf
Augenhöhe begegnen.

Ins Leben geliebt,

um es mit Sinn und Leben zu füllen,
um es mit anderen Menschen zu teilen,
um ein Stück Welt lebenswerter zu machen,
um mich in Freiheit dem Guten zuzuwenden,
um die Schönheit der Natur auszukosten,
um das mir zur Verantwortung Übertragene zu gestalten,
um meine Kraft für Gerechtigkeit und Frieden einzusetzen,
um meine Zeit kreativ zu gestalten,
um mein Leben in Freude gemeinsam mit anderen zu entfalten,
um weiterzugeben, was mir als Geschenk anvertraut wurde,
um mir am Ende des Lebens einzugestehen, es hat sich gelohnt zu leben.

Er wartet

Er wartet hinter allen deinen Vorwänden auf deine
Bereitschaft, seinem Wort Gehör zu verschaffen.
Er sucht hinter deinen Vorstellungen eine Chance,
sich als der zu zeigen, der Interesse hat am Dialog mit dir.
Er kommt dir entgegen als Zufälliger, der dich ohne Anlass
an seinem Leben teilhaben lässt.
Er vertraut dir, dass du dich auf die Spur des Lebens begibst
und er dir seine Lebendigkeit erfahren lassen kann.
Er glaubt an dich als Mensch, der in Freiheit sein Leben
gestalten kann.

Er ist da, obwohl du nicht ihn, sondern etwas ganz anderes erwartest, und will sich dir stellen als der, der schon lange hinter dir hergeht.
Er freut sich, wenn du – versteckt und verstrickt in die irdischen Sehnsüchte – ihm die Möglichkeit gibst, sich dir als Gesuchter erkennen zu geben.

Mein Vater, ich überlasse mich dir

Was könnte ich Besseres tun?
Was wollte ich Größeres ersinnen?
Was bleibt mir Tolleres zu vollbringen?
Was gibt es Sichereres anzustreben?
Mein Vertrauen kann auf persönliche Erfahrungen bauen,
Mein Vertrauen bietet mir dazu die Grundlage,
Mein Vertrauen baut auf das mir bisher Geschenkte.
So ergibt sich dieser nächste Schritt für heute.
So erwarte ich seine Führung in der Gegenwart.
So erhoffe ich seinen Willen mit seiner Kraft erfüllen zu können.
Weil ich mich geborgen weiß – aus Erfahrung.
Weil ich mich getragen erlebe – aus Zuversicht.
Weil ich, von Jesus geliebt, in die Zukunft gehen will
– aus Liebe.

Auf Gottes Hilfe vertraue ich

Weil ich ein lebendiger Teil seines großen Universums bin
Weil ich mich von ihm getragen erlebe, wenn mir die Kraft zum Weitergehen fehlt
Weil ich angenommen bin als Mensch und er mir in jeder Situation beisteht
Weil ich seine Zusage habe, mich jederzeit an den Vater wenden zu können
Weil ich meine Vollendung nicht von der eigenen Kraft, sondern von ihm erwarten kann.
Er gibt mir die Einsicht, nicht alles aus eigener Kraft machen zu müssen
Er traut mir zu, dass ich mich in allen Belangen an ihn wende
Er baut auf mein Kind-Sein und auf sein Helfen durch sein Da-Sein.
So darf ich das erhoffen, was er mir zugesagt hat
So darf ich glauben, dass er um mich weiß und weiß, wie es mir gerade geht
So darf ich auf seine Liebe bauen, aus seiner Kraft Leben und mein Leben für das Gute einsetzen.

Der Schöpfer erschließt uns die Natur – er schenkt Freude am Leben

Immer neu schenkt uns die Natur ihre Vielfalt

Immer neu öffnet uns die Zeit einen Neubeginn.
Immer neu überraschen uns Menschen durch ihre
liebende Zuwendung.
Immer neu überwältigen uns Erfahrungen
und geben Hoffnung und Zuversicht.
Immer neu versetzen uns Tatsachen ins Staunen.
Immer neu bewährt sich die Tatsache,
dass die Treue einen tiefen Sinn hat.
Immer neu erleben wir, dass es doch Gott sein muss,
der uns ins Herz geschlossen hat.

Alles aufgreifen

Einstimmen in ein inneres Suchen nach Lobpreis
für den lebendigen Gott.
Den Ton aufgreifen, der sich im Herzen als Lied formt
und als Melodie ans Licht kommen will.
Einem Klang folgen, der die Antwort in sich trägt
und zum Wohlklang für Herz und Ohr wird.
Raum geben für einen Widerhall,
der sich aus göttlichen Quellen nährt.

Die Sprache der Natur

Die Sprache der Natur und ihr Farbenzauber lehren uns,
sich dem Wachsen und Werden nicht zu verschließen.
Die Vielfalt der Schöpfung und der Himmelswelten zeigen
uns die Größe des Schöpfers.
Die Klänge der Musik und ihre Harmonie wollen uns
hineinziehen in die Klangwelt der Herrlichkeit Gottes.
Der Verlauf der Zeiten hilft uns anzuerkennen, dass wir
nichts, was ist, festhalten können. Die Bewegung des
Wassers zeigt uns, was uns zwischen den Fingern zerrinnt.
Der Wandel der Gesellschaft fordert uns heraus, dem Fluss
des Geschehens nicht Einhalt zu bieten.
Wie starr sind dagegen unsere Haltungen und Handlungen,
wie sperrig sind da unsere Erwartungen,,
wie festgefahren sind oft unsere Hoffnungen
wie klein und leer sind oft unsere Träume,
wie eng und kleingläubig sind oft unsere Bitten an Gott.
Der Schöpfer selbst will uns weit machen,
er will unsere gedanklichen Grenzen sprengen,
er will uns die Weite der Möglichkeiten lehren,
er will, dass wir seine Spuren erkennen und seine Güte
zum Maßstab für unser Handeln machen.

Gott hat mir Ohren gegeben,

zu hören, welchen Klang sein Wort in mir aufnehmen kann,
zu hören, welches Geheimnis er in mein Sein gelegt hat,
zu hören, wo er mich bestimmt hat zu wirken,
zu hören, wie groß die Liebe zu mir und allen Geschöpfen ist,
zu hören, was er für alle Menschen bereitet hat,
zu hören, welches Geschenk sein Atem in mir ist,
zu hören, welches Ziel die Welt und meine Zeit in ihr hat,
zu hören auf die Geheimnisse der Natur,
hineinzuhören in die Vielfalt der Gestirne und Himmelwelten,
hineinzuhören in die Zeichen der Zeit und ihre Botschaft,
hineinzuhören in das Leben meiner Mitmenschen und ihre Freuden und Sorgen,
hineinzuhören in das eigene Herz und seine Sehnsüchte,
hinzuhören auf die Zusagen Gottes, um Antwort geben zu können auf die Geheimnisse des Lebens.

Gott will ALLES mit uns teilen

Die Schöpfung, in die er uns hineingestellt hat,
damit wir Freude daran zu haben
Die Natur in ihrer Pracht und Vielfalt als Botschaft
seiner Güte
Die Erde, damit wir Boden unter den Füßen haben
Die Wolken, damit sie uns mit Regen und Schatten
versorgen
Den weiten Himmel mit der Vielzahl der Planeten
und Sonnen, den Mond und die Sterne
Den Regen, der die Erde fruchtbar macht und belebt.
Danken wir dem Schöpfer für unsere Vorfahren, die uns
diese Welt hinterlassen haben,
für die Entfaltung und Entwicklung der Technik und
Wissenschaft,
für die Möglichkeiten der Gestaltung der Welt und
ihrer Geschichte,
für die Chance, das, was uns überlassen wurde,
weiterzuentwickeln.
Danken wir Gott für die Möglichkeit, in Freiheit
und Kreativität Leben menschenwürdig zu gestalten.

Gott macht sich klein,

um das Kleine groß zu machen,
um die Vergänglichkeit von uns zu nehmen,
um die Traurigkeit in Freude zu verwandeln,
um sich selbst für alle Menschen zugängig zu machen,
um den Unwert zum Wert zu machen,
um die Macht in die Ohnmacht zu stürzen,
um die Leistung nicht an die Stärke zu binden,
um das Erworbene der Vergänglichkeit auszusetzen,
um meinen Vorwand zu entkräften, dass ich nicht würdig genug sei.
Dazu hat sich Gott in Jesus angreifbar gemacht für seine Gegner,
berührbar, ohne Schutz vor Ansteckung,
verurteilbar für die Mächtigen,
verletzbar am Kreuz für seine Henker,
ausschließbar für die Herrscher,
verwundbar für die Heuchler,
auslöschbar für die Leugner.
Trotzdem zeigt er sich den Zeugen als Auferstandener,
versammelt er seine Jünger als der von Gott Auferweckte,
sendet er seine Jünger als Frohbotschafter,
lebt er weiter in den Glaubenszeugen durch alle Zeiten.

Guter Schöpfer und lebendiger Gott

Du hast uns einen Leib geschaffen, der sich mit der Natur entfaltet,
um uns Raum zum Dasein zu geben.
Du hast uns einen Geist gegeben, der uns selbst
und andere wahrnimmt
und die Zunahme an Wissen und Weisheit ermöglicht.
Du hast uns, im Tiefen verborgen, eine Mitte geschenkt,
die Seele und somit Kleinod des Lebens ist.
Du hast unser Leben eingewoben in einen Zeitkreislauf,
dessen Anfang und Ende wir nicht kennen.
Wir sind hineingestellt in eine Welt,
deren Ursprung und Ende nicht wir bestimmen können.
Wir sind hineingeboren in eine Menschheit,
die wir nicht selbst erwählt haben, die von dir bestimmt ist.
Wir sind uns bewusst, dass, was wir denken und tun,
Auswirkungen hat
auf das, was wir sind und sein werden,
wenn wir in deinem Licht uns selbst und unser Ziel erkennen.

In der Schönheit der Natur

In der Schönheit der Schöpfung bin ich geborgen
In der Kreativität des Lebens entdecke ich den Kern des Daseins
In der Vielfalt der Natur bin ich herausgefordert, mich zu verschenken.
In der Kraft der Gewalten verborgen,
in der Spannkraft der Gegensätze gehalten,
in die Undurchschaubarkeit der globalen Vorgänge verstrickt,
im Mysterium des Lebens grundgelegt,
bleibst du, liebender Gott, der Eine, auf den das All zugeht.

Lobpreis als Weg – der Blick auf die Spuren Gottes überwältigt uns

Gepriesen sei der Herr

Der das Kleine groß macht
Der das Mächtige außer Kraft setzt
Der das Unscheinbare wachsen und reifen lässt
Der den Mutigen das Unvorstellbare überlässt
Der die Glaubenden die Zukunft erleben lässt
Der die Hoffenden die Vision der Erneuerung erahnen lässt
Der den Dienenden die Kraft gibt, die Welt zu erneuern
Der den Liebenden den Keim der Unvergänglichkeit schenkt.

Mein Herz öffnen

Für das Neue, das mich weiterführen will,
das Beständige, das Grund meines Vertrauens ist,
das Geschenkte, auf das ich aufbauen kann,
das Erlebte, das mich geprägt hat und Teil meines Lebens ist,
das Unerwartete, das mich aufrüttelt und zum Nachdenken anregt,
das Zukünftige, das mir Gott zutraut.

Dein Angesicht ist uns Leuchte,

damit wir Orientierung und Halt im Leben finden,
damit wir den Weg und das Ziel in dir erreichen können,
damit wir aus unseren Sackgassen und Irrwegen herauskommen,
damit wir anderen deinen Weg vorleben können.
Lass leuchten über unser Leben und Ringen dein Angesicht.
Lass leuchten vor uns deine Barmherzigkeit und Güte.
Lass leuchten durch uns deine dienende Güte und einladende Zärtlichkeit.
Lass uns anderen eine Leuchte sein, damit sie durch uns den Weg zu dir finden.
Sei du es, der durch mich Licht und Leben in die Welt bringt.
Sei du der, durch den mein Dienst deine Güte durchspüren lässt.
Sei du der, der durch meinen Dienst den Blick auf dich hin sichtbar macht.
Sei du der, in dessen Gegenwart ich durch mein So-Sein Segen und Heil wirken darf.

Ich preise dich, Herr meines Lebens,

weil du in mir die Saat des Glaubens eingepflanzt hast,
weil du mich bisher auf Händen getragen hast,
weil du mir Vertrauen geschenkt hast, mich dir ganz zu überlassen,
weil du mich als Kind Gottes gebrauchen kannst,
weil du mir mit deinem Wort das unvergängliche Lebens schenkst,
weil du mir alles gibst, was ich zum Leben brauche,
weil du es bist, der mir Leben und Zukunft gibt.
Jesus, Gottes Reich zu verkünden war deine Sendung,
Gottes Güte zu bezeugen war dein Lebenswerk und deine Lebenskunst,
Gottes Willen zu erfüllen, war das Ziel deines Daseins und Wirkens.
Lass uns im Gebet darauf hören, was Gott von uns will,
lass in uns sein Wort lebendig und wirksam werden,
lass uns an den Nöten der Mitmenschen teilhaben,
lass uns offen sein für den Heiligen Geist und hinhören, was er uns sagt.

Hier bin ich

Als Mensch, der im DU sein ICH findet.
Als Partner, der auf deine Liebe hofft.
Als Freund, der um deine Stärken und Schwächen weiß.
Als Vertrauter, der dich trotz deiner Defizite annimmt,
wie du bist.
Als Verbündeter, der um unsere gemeinsamen Ziele weiß.
Als Suchender, der gemeinsam mit dir um die Wahrheit ringt.
Lass uns gemeinsam weitergehen zum Ziel,
lass uns gemeinsam stark sein und die Hindernisse
überwinden,
lass uns gemeinsam unsere Schwächen durchstehen,
lass uns gemeinsam der Liebe Raum geben,
lass uns gemeinsam der Hoffnung trauen,
lass uns gemeinsam dem Leben trauen – weil Gott es uns
zutraut.

Aufschauen

zu dem, der nach mir ausschaut und meinen Blick erreichen will,
zu dem, der nach mir ausschaut und auf mein offenes Ohr wartet,
zu dem, der mir entgegenkommt, damit sich unsere Wege kreuzen.
Aufschauen,
um den eigenen Weg in einem neuen Licht zu sehen,
um der Sehnsucht eine Spur zu legen und Antwort zu finden,
um dem Ringen um den Sinn des Ganzen eine Richtung zu geben.
Aufschauen
zu dem, der sich selbst als Weg, Wahrheit und Leben anbietet,
zu dem, der sich klein macht, um uns groß zu machen,
zu dem, der schon auf uns wartet.

Gottes Wege führen in die Weite

Sie öffnen uns den Blick für das Schöne
Sie fokussieren unsere Augen auf das Bestaunenswerte
Sie lenken uns zu Schnittpunkten des Glücks
Sie weiten unsere Erfahrungen zu Besonderem
Sie bewegen uns zu neuen Horizonten
Sie festigen unsere Schritte zum Handeln
Sie ermutigen uns, uns auf Unbekanntes einzulassen
Sie erfüllen unser Herz mit Freude und Hoffnung
Sie geben uns Boden unter den Füßen für die nächsten Schritte
Sie legen den Himmel frei für neue Taten
Sie schenken Zuversicht auf den Wegen der Liebe
Sie machen uns vertraut mit Gottes Plänen
Sie reißen uns heraus aus der Ohnmacht
Sie laden uns ein, Lebloses und Unwichtiges zurückzulassen
Sie bereiten uns vor auf die ewige Gemeinschaft mit Gott
Sie lassen uns den Zwang, besser als die anderen sein zu müssen, überwinden
Sie wollen uns einstimmen in Gottes Herrlichkeit
Sie stellen unsere Sehnsüchte auf den Prüfstand
Sie lassen unser Herz aufgehen für die Liebe.

Gott des Lebens

Lass mich von deiner Weisheit lernen,
deine Gegenwart zu entdecken
Lass mich, von deiner schöpferischen Kraft inspiriert,
deine Größe erahnen
Lass mich an deiner Liebe Maß nehmen,
um über mich hinauszuwachsen
Lass mich an deiner Geduld Anteil nehmen,
um mit meiner Ungeduld fertig zu werden
Lass mich in deine Gerechtigkeit hineinwachsen,
um am Reich des Friedens mitzubauen.

Zieh mich hinein in deine Güte,
damit ich sie mit meinen Geschwistern teile
Nimm mich hinein in dein Vertrauen zu den Menschen
Reiß mich heraus aus meinem Egoismus, dass ich über
mich hinauswachse
Lass mich als dein Geschöpf Anteil nehmen an deiner Größe
und Hingabe an die Mitmenschen
Vergib mir meine Engstirnigkeit,
die nur das eigene Glück sucht
Schenk mir ein weites Herz, einen offenen Geist,
schenk mir Anteil an deinem Plan der Liebe

Jesus lehrt uns beten – er lässt uns teilhaben an seiner Beziehung zum Vater

Hier bin ich – Jesus, zeig uns den Vater!

Hier bin ich – Jesus, lehre uns beten!
Hier bin ich – Jesus, hilf uns, Gottes Wort zu verstehen und zu erfüllen!
Hier bin ich – Jesus, zeig uns, wie wir als Kinder Gottes leben können!
Hier bin ich – Jesus, lass uns teilhaben an deinem Erlösungswerk für die Menschen!
Hier bin ich – Jesus, nimm uns im Gebet in deine Beziehung zum Vater hinein!
Hier bin ich – Jesus, heimgekehrt zum Vater,
lass uns teilhaben an der Sendung des Heiligen Geistes.

Wenn du es bist,

lass mich deiner Stimme trauen und Ja sagen,
lass mich das loslassen, was mir bisher Sicherheit gab,
lass mich zu dir aufschauen, weil nur das ein Leben lang trägt,
lass mich deine Hand ergreifen, weil nur sie mich auffangen kann.
Wenn du es bist,
lass mich nicht zurückschauen auf das von mir Geleistete,
lass mich nicht im sicheren Boot bleiben,
in ruhigen Gewässern,

lass mich nicht weghören, weil es zu gefährlich werden könnte,
lass mich nicht stumm bleiben,
lass mich nicht „Nein Danke“ sagen.
Mach, dass mein Ohr alles Hindernde ausblendet
– weil du da bist.
Mach, dass meine Augen nicht herumirren zu anderen Lichtern – weil du da bist.
Lass mein Herz nicht verstockt bleiben und sich abschließen
– weil du da bist.
Lass mein ganzes Wesen bekennen – Du bist es,
mein Retter und Erlöser!

Durch dich, Jesus

Kann ich die täglichen Herausforderungen meistern, ohne von meinen Defiziten eingeholt zu werden
Kann ich meine Umwelt in Freiheit gestalten mit der Hilfe des Beistandes, des Heiligen Geistes
Kann ich mich an der Natur freuen, weil ich weiß, dass du sie mir zu meiner Freude geschenkt hast
Kann ich loslassen, auch wenn sich meine Wünsche nicht zu erfüllen scheinen
Kann ich mich den Freuden und Nöten der Mitmenschen öffnen und ihnen Zuversicht geben
Kann ich die Zukunft dem liebenden Gott anvertrauen,
in der Zuversicht, dass alles gut wird
Kann ich die Liebe leben, weil ich in dir die Quelle der Kraft gefunden habe.

Jesus, du Mittler

Zum Vater, der uns die Welt überlassen hat und will,
dass wir sie als deine Geschöpfe gestalten
Zum Vater, der uns das Leben schenkte und will,
dass wir alle unsere Talente entfalten
Zum Vater, der uns alle Menschen als Geschwister gab
und will, dass wir uns gegenseitig wertschätzen
Zum Vater, der uns Hoffnung und Zukunft gab,
damit wir in Freude die Gegenwart annehmen
Zum Vater, der uns die Liebe anvertraute und will,
dass wir wachsen und Leben weitergeben
Zum Vater, der jeden Menschen liebt und uns einlädt,
als Geschwister die Welt zu gestalten
Zum Vater, der will, dass wir einander wertschätzend begegnen
Zum Vater, der uns für die Ewigkeit geschaffen hat und will,
das wir das Gegenwärtige annehmen und das Zukünftige
freudig erwarten.

Es braucht nicht viel

Es braucht nicht mehr als Vertrauen, dass sein Geist uns geschenkt ist und uns führen will.
Es genügt, sich für seine Gegenwart zu öffnen.
Es verlangt mein „Ja hier bin ich" – und mein „Nimm mich so, wie ich bin, ich überlasse mich dir."

Wenn ich mich seiner Führung überlasse, kann er mir Dinge bewusst machen, die mir sonst verborgen blieben,
kann er aufleuchten lassen, was hinter meinen Erlebnissen verborgen ist und mich erkennen lassen, dass alles einen tieferen Sinn hat.
So kann der Fremde zum Freund werden und der Auferstandene das Brot mit uns brechen.

Lehr mich Erkenntnis und rechtes Urteil

Ich bitte dich um Erkenntnis, wie ich mich und dein Wirken in der Welt besser erkennen kann.
Ich bitte dich um Weisheit, wie ich mich und dein Wirken noch besser aufgreifen kann.
Ich bitte dich um Freude und Zuversicht, damit ich,
von ihr getragen, dein Wirken besser spüren kann
Ich bitte dich um Vertrauen in deine Gegenwart,
damit ich dich ausstrahlen kann.
Ich bitte dich um Hoffnung, damit ich, von ihr beschenkt, anderen Zukunft geben kann.
Ich bitte dich um deine Liebe, damit ich andere an deinem Wirken teilhaben lassen kann.

Deine Gegenwart, Jesus, spüren wir

Wenn wir unsere eigenen Wünsche zurückstellen, können wir dein Handeln entdecken.
Wenn wir das Laute um uns meiden und in uns hineinhorchen, wird uns deine Nähe geschenkt.
Wenn wir hellhörig werden und verweilen, entdecken wir die Schönheit der Natur.
Wenn wir bereit sind, uns einzulassen auf die Wege Gottes, wenn wir offen bleiben und unsere Sinne nutzen zum tieferen Hineinschauen und Staunen, werden wir entdecken, wie vielfältig unser Leben ist.
Getragen vom Vertrauen, dass du es bist, der auf uns wartet, angezogen von der Sehnsucht, dass du um den Weg und das Ziel weißt,
geführt von der Hoffnung, dass wir mit deiner Hilfe mehr aus dem Leben machen können.
Geliebt ins Leben und gezogen von der Ahnung der Unvergänglichkeit,
geheilt von den Defiziten des Alltags, erbitten wir Auferstehung ins Leben.

Es bleibt nichts unerhört

Die Bitte um Vergebung, wenn wir uns Gott anvertrauen
Die Bitte um Heilung, wenn wir in Jesus den Heiland erkennen

Die Bitte um Hilfe, wenn wir die Erfüllung Gott überlassen
Die Bitte um Rat, wenn wir eingestehen, dass seine Hilfe uns Orientierung gibt
Die Bitte um Vertrauen, wenn wir die Freundschaft mit Jesus ehrlich annehmen
Die Bitte um Hoffnung, wenn es ums Ganze geht und der Weg nicht sichtbar ist
Die Bitte um Brot, wenn wir dieses zu teilen bereit sind
Die Bitte um Liebe, wenn wir nicht an uns allein denken, sondern Gott zum Maß der Dinge machen.

Herr, ich vertraue dir

Weil ich immer wieder die Erfahrung mache, dass dein Plan für mich und die mir Anvertrauten der Beste ist.
Weil ich in Dankbarkeit auf Erlebnisse schauen kann, die ich als große Geschenke erlebe.
Weil ich in einer Bitte Antwort fand, obwohl mein Vertrauen in dich versagte.
Weil ich in Betroffenheit über ein Ereignis feststellen musste, dass göttliche Hilfe im Spiel war.
Weil ich von Freude erfüllt erleben durfte, dass meine Erwartungen sich zum Wohle anderer gelöst haben.
Weil du mir vieles zutraust und ich mich so für andere wichtig erleben durfte.
Herr, ich will dir weiterhin vertrauen, dass du mich kennst, wertschätzt und liebst.

Durch dich bin ich was ich bin

Vor dir möchte ich der sein, der ich für dich bin
Lass mich so sein, wie du mich haben willst
Hilf mir in Ehrlichkeit vor dir zu bestehen.
Du ziehst mich hinein in deine Liebe zum Vater
Du traust mir zu, dass ich in Freiheit deine Liebe annehme und mit meinem Leben antworte
Du schenkst mir die Kraft, dass ich meiner Wandlung durch dich nicht selbst im Wege stehe
Du erweckst in mir die Sehnsucht nach Glück und Erlösung.
Und was willst du von mir?
Das Vertrauen, dass du es gut mit mir meinst
Meine Offenheit, dass ich in Freiheit nach dir suche
Den Glauben, dass das Leben durch dich lebendig und lebenswert wird
Die Hoffnung, dass der Weg mit dir zur Vollendung führt,
Die Liebe, die in Einheit mit dir ewiges Leben heißt.

Jesus zeigt uns den Weg zum Leben – wir blicken auf sein Leben und seine Sendung

Jesus,

erster Diener der Ärmsten und Ausgegrenzten seiner Zeit.
Der vor Petrus kniet,
um ihm Anteil am Dienen aus Liebe zu geben.
Der die Kinder in die Arme nimmt,
um die Kleinen groß zu machen.
Der sich berühren lässt, um allen Zugang zur Heilung zu geben.
Der sich verraten lässt, um angreifbar zu sein,
wenn es um das Reich Gottes geht.
Letzter, wenn es um die eigene Ehre geht,
um das ersehnte Wohl,
um die Durchsetzung des eigenen Willens,
um den ersten Platz an der Hochzeitstafel,
um die gute Nachrede, wenn es darum geht, das eigene Leben zu retten.

Wer an die Ewigkeit glaubt, hat mehr vom Leben

Sonst wird diese Erdenzeit zu kurz,
um alles erleben und haben zu können.
Sonst wird diese Erdenzeit zu kostbar,
um bei den Menschen und den Dingen verweilen zu können.
Sonst wird diese Erdenzeit zu verplant,
um alles genießen zu können.
Wer nicht an die Ewigkeit glaubt, lebt in der Angst, zu kurz zu kommen und verschließt sich selbst das Tor zur Zukunft.

Jesu Tod und Auferstehung – eine Realität,

die sich ohne sichtbare äußere Veränderung vollzieht,
die sich nicht mit Worten erklären und darstellen lässt,
die sich nur im Licht des Glaubens verwirklicht,
die Gott Gott sein lässt, der in seiner Liebe gegenwärtig ist
als Brot des Lebens.
Ausgesprochen,
was nicht ins Wort zu bringen ist,
was nur mit dem Herzen vollzogen werden kann,
was Gott selbst wirkt und was er uns als Geschenk bereithält,
was sich vollzieht und durch ihn lebendig und wahr geworden ist.
Bezeugt,
was im Unsichtbaren gegenwärtig ist,
was für jede/n von uns bereitgestellt ist,
was der Lebendige neu macht und verwandelt, und uns als
Brot des Lebens schenkt.
Gegeben,
um gelebt zu werden.
Hingegeben – um es neu zu erhalten.
Geopfert – um es von Gott füllen zu lassen.
Geschenkt – um es in einer neuen Gestalt empfangen zu können.
Losgelassen – um der Verwandlung in Gottes Gegenwart
Raum zu geben.

Aus der Dunkelheit wird Licht

Aus der Hoffnungslosigkeit wird Freude
Aus der Trauer wird Zuversicht
Aus dem letzten Atemzug wird Neugeburt
Aus der Totenstille wird Jubelgesang
Aus dem Loslassen wird ein Aufgefangen-Sein
Aus der Ohnmacht wird ein Aufrichten
Aus der Totenstarre wird geisterfüllte Wirklichkeit
Aus den Abschiedsträumen werden erleuchtete Augen
Aus dem Gestern wird ein Morgen und aus dem im Verborgenen wird neues Leben,
weil Gott am Werk ist und das ohne Macht,
weil Gott Neues schenkt und das noch vor dem neuen Tag,
weil Gott immer Verwandlung erwirkt.
Ostern ist jederzeit, weil der Tod besiegt ist.
Ostern vollzieht sich in mir, weil Jesus für mich starb.
Ostern will Altes in Neues verwandeln. Halleluja, Jesus lebt!

Jesus und das Reich Gottes – Vater, dein Reich komme, dein Wille geschehe

Gebet – die Melodie Jesu, der uns im Gebet näher zu Gott und näher zueinander bringt

Jesus, du hast uns beten gelehrt – wir dürfen Gott Vater nennen.
Jesus, du hast dich an einsame Orte zurückgezogen,
um die Nähe und Kraft des Vaters zu erfahren.
Jesus, du hast dich ganz deinem Vater ausgeliefert,
um dich in Liebe und im Hören auf ihn auszurichten.
Jesus, du hast Menschen beten gelehrt – hast sie gelehrt,
Gott Vater zu nennen und ihm zu vertrauen.
Jesus, du hast im Gebet mit deinem Vater gerungen
– stärke in uns den Mut, auf Gottes Stimme zu hören.

Er kam um zu erfüllen,

was die Propheten ankündigten, was seine Sendung war:
nicht zu richten, sondern zu erlösen.
Was seine Werte aussagten, dafür stand er gerade.
Was er seine Jünger und Jüngerinnen lehrte,
das bezeugte er.
Was die Welt seit Anbeginn erwartet, einen Retter von Sünde und Tod.
Was die Geschichte der Menschheit unerfüllt ließ,
die Freiheit, Gott zu lieben.

Was die Frau am Jakobsbrunnen erbat,
„Gib mir von diesem lebendigen Wasser".
Was Nikodemus fragte,
„Wie kann der Mensch wiedergeboren werden?"
Was Johannes ankündigte,
„Wir haben den Retter gefunden!"
Was Maria Magdalena am Ostermorgen bezeugte, Rabbuni".
Was Thomas nach dem Blick in das verwundete Herz Jesus bezeugte, „Mein Herr und mein Gott!"
Was Petrus bekannte, „Du bist der Messias, der Herr!"

Da legte er sein Obergewand ab

Mit dieser Geste nahm er auch seine Hingabe, den Menschen zu dienen an – sein Gehen auf Augenhöhe mit jedem von uns.
Das Reinigen vom Staub der Straße und der menschlichen Verirrungen, das Abwaschen der Füße, die Irrwege gegangen sind.
Das Abtrocknen, um für den Aufbruch bereit zu sein.
Ein Dienst als Weg zu den Menschen.
Ein Zeichen, dass wir alle die Reinigung des Herzens brauchen und als Vorbild für alle, die in der Kirche leiten, dass sie den Menschen dienen müssen.
Ein Niederknien vor den anderen, um sie groß zu machen, um sie reinzuwaschen und aufzurichten zum Weitergehen.

Tag der Übergabe

Jesus liefert sich seinem Vater und den Menschen aus, im Abendmahl als Akt seiner Hingabe.
Jesus dankt seinem Vater für dieses Mahl, das er mit den Seinen feiert.
Er feiert das Leben in den Gaben von Brot und Wein.
Er feiert die Liebe als die Erfüllung des Gesetzes in der Fußwaschung an seinen Freunden.
Eine Übergabe seines Wirkens für uns an seinen Vater: „Nicht mein Wille geschehe".
Eine Übergabe des Lebens an jene, die ihm nach dem Leben trachten: „Wenn ihr mich sucht …"
Eine Übergabe an die Mächtigen, die damit zeigen können, dass sie sein Leben auslöschen können.
Eine Übergabe an die Peiniger, die seine Ehre mit Füßen treten.
Eine Übergabe an Pilatus, den Verantwortlichen und doch Ohnmächtigen.
Eine Übergabe an Petrus, seinen Freund, der ihm die Treue aufkündigt: „Ich kenne ihn nicht!"
Eine Übergabe an eine aufgehetzte Menge: „Kreuzige ihn!"
Eine Übergabe an die Hetzer und Wunder Suchenden: „Wenn du Gottes Sohn bist, steig herab!"
Eine Übergabe nach allem Leid und allen Schmerzen: „Es ist vollbracht!"
Sie löst es ein: „Im Kreuz ist Heil, im Kreuz ist Hoffnung, im Kreuz ist Segen."

Jesus, Brot des Lebens

Brot des Himmels

Gegeben für den Lebensweg auf Erden
Erwirkt durch die Hingabe Jesu an den Vater
Geerntet auf den Feldern derer, die Jesus nachgefolgt sind
Gemahlen in den Mühlen der Todesangst Jesu und seiner Nachfolger
Geknetet in der Hingabe der Märtyrer
Gebacken im Ofen der göttlichen Barmherzigkeit
Geschenkt als Gabe der Geschwisterlichkeit
Als „Brot des Lebens“ mit allen zu teilen.

Brot des Lebens

Hier gegeben zur Stärkung auf dem Weg zum
unvergänglichen Leben,
gegeben für alle zur Kraftquelle für den,
der sich selbst verschenkt,
Nahrung, die Sehnsucht weckt,
dem Leben das zu geben, was es ausmacht,
Stärkung der Lebenskraft,
Gabe des Schöpfers als Brücke zum ewigen Leben,
Brot des Lebens.

Geheimnis des Glaubens

Für Menschen, die nicht Wunder, sondern Verwandlung suchen.
Für Menschen, die nicht alles selbst durchschauen, die im Leben ein Geschenk sehen.
Für Menschen, die dem Schöpfer das Wie ihres Lebens überlassen wollen.
Für die Suchenden, die zu warten bereit sind, bis sich das Geheimnis selbst offenbart.
Für die Fragenden, die bereit sind, die Antwort auf dem Weg des Glaubens zu bekommen.
Für die Glaubenden, die, von großem Vertrauen getragen, die Erfüllung und
Vollendung von Gott erwarten.
Geheimnis des Glaubens: Deinen Tod verkünden wir und deine Auferstehung preisen wir, bis du kommst in Herrlichkeit. Amen.

Jesus, danke

für deine Bereitschaft, den Weg des Todes zu gehen.
Du hast uns vorgelebt, dass das Leben bis zum letzten Augenblick wertvoll ist.
Du hast uns bezeugt, dass die Wahrheit siegt und die Lüge entlarvt wird, weil du vor den Mächtigen nicht in die Knie gingst.
Du hast den Jüngern Verrat und Verleugnung verziehen
– weil du ihr Herz kennst und die Schwächen vergibst.

Das ist mein Leib

Aus vielen Körnern gebildet
Aus geschrotetem Korn zum Brot geformt
Erhöht in Erinnerung an seine Hingabe
Verwandelt durch göttliches Wirken
Geschaut als Zeichen neuen Lebens
geteilt mit allen, die zu ihm aufschauen.
Nahrung für alle, die sich von Gott ewiges Leben erwarten.
Stärkung für die, die alles von Gott erbitten.
Zusage für die Unerfahrenen und Suchenden.
Trost für jene, die im Leben zu kurz gekommen sind.
Leben für jene, die auf die Unvergänglichkeit warten.
Brot für die Welt – Brot auf dem Weg in die lebendige
Gemeinschaft mit Gott.

Jesus der Auferstandene – seine Gegenwart im Zugehen auf Menschen

Der Auferstandene

Er selbst, und doch in einem anderen, verklärten Kleid.
Er, der Gleiche, ein von Gott neu zum Leben erweckter Meister.
Er, der in die Mitte der Jünger tritt als Auferstandener, der lebt und wirkt.
Er, der nicht festzuhalten ist und doch sich als einer von ihnen offenbart.
Er, der Fremde, der zum Bruder wird und sich selbst zu kennen gibt.
Er, der Frieden schenkt und sich zum Zeugen des ewig lebendigen Gottes macht.

Ostermorgen

Kein Tag wie der gestrige, der Trauer und Tod in sich trug.
Kein Tag wie der, der hinter uns liegt, gefüllt mit Versagen, Verrat und Kreuz.
Kein Tag wie der vergangene, der in der Nacht, der Dunkelheit des Verzweifelns endete.
Ein Tag, den Gott gemacht hat, der schon in den Schriften der Propheten angekündigt wurde, ein Tag neuen Lebens.
Ein Tag für uns alle, der schon erwartet wurde von allen, ein Tag, der durch Jesus eröffnet wurde.
Ein Tag, den Gott gemacht hat für seinen Sohn Jesus Christus, der uns zu retten in die Welt gekommen ist.
Ein Tag, den Gott gemacht hat für die, die in der Hoffnung auf Erlösung gelebt haben.

Ein Tag, den Gott gemacht hat für alle, die im Vertrauen hofften, dass der Tod einmal besiegt wird und neues Leben bringt.
Ein Tag, den der Herr gemacht hat, an dem Maria von Magdala, den Toten suchend, beschenkt wurde mit der Begegnung mit dem Auferstandenen.
Ein Tag, den Gott gemacht hat für die aus Jerusalem flüchtenden Emmausjünger, denen Jesus die Wege Gottes erschloss, denen er das Herz brennend machte und mit denen er das Brot brach.
Ein Tag, den Gott gemacht hat für Thomas, dem der Auferstandene seine Wunden zeigte, der bekannte: „Mein Herr und mein Gott!"
Ein Tag, den der Herr gemacht hat für Petrus, dem Jesus drei Mal die Frage stellte, „liebst du mich?"
Ein Tag, den der Herr gemacht hat, um jeden und jede von uns, die wir an den Auferstandenen glauben, vom Tod zum ewigen Leben zu führen.

Am Glauben an den Auferstanden

zeigt sich die Echtheit unseres Glaubens an Jesu Leben,
hängt die Glaubwürdigkeit unserer Erlösung von Tod und Sünde ab,
entscheidet sich unsere Hoffnung zu erleben, „was Gott denen bereitet hat, die ihn lieben“,
eröffnet sich die Chance, Ohnmacht und Zweifel durch Freude am Leben zu überwinden,
wandelt sich die Begrenzt- und Gebrochenheit des Lebens in Leben in Fülle,
schenkt Gott uns die Möglichkeit, schon in diesem Leben die Zusagen ewigen Glücks zu entdecken.

Wer sich dem Geschenk der Auferstehung verschließt,

bleibt im Zweifel, weil er die Erlösung vom ewigen Tod ausschließt,
sucht den Lebendigen bei den Toten, weil er dieses Geschenk nicht annimmt,
erfährt nicht wie Thomas die Berührung des Auferstandenen,
verzichtet darauf, den Herzensfrieden zugesprochen zu bekommen,
schlägt die Einladung zum Mahl aus und so die Chance – wie Petrus –, die Liebe zu erneuern.

Der Auferstandene

kennt die Höhen und Tiefen menschlichen Lebens,
er versteckt nicht seine offenen Wunden und Grenzen,
er geht auf Menschen zu
und lädt sie zum Mahl mit ihm ein.
Er tritt in die Mitte seiner Jünger
und sagt ihnen den Frieden zu,
er versammelt seine Freunde
und entlässt sie verwandelt wieder.
Er geht mit den Enttäuschten ihren Weg
und lässt sich erkennen im Brotbrechen.
Er geht ihnen voran und segnet sie und ihre Zukunft.

Wenn uns das Geschehene erdrückt,
geht er mit uns den Weg der Erkenntnis
Wenn uns das Vertrauen fehlt,
zeigt er uns seine offenen Wunden.
Wenn wir ins Namenslose versinken,
spricht er uns beim Namen an.
Wenn uns der innere Frieden abhandengekommen ist,
tritt er in unsere Mitte und heilt unsere Herzen.
Wenn wir glauben, leer auszugehen,
macht er uns zum Sakrament der Vergebung.

Auferstandener, wir bitten dich,

geh auf uns zu und sprich auch uns beim Namen an,
geh mit uns und erschließ uns die Zeichen der Zeit,
lass uns nicht im Unglauben über deine Gegenwart,
schenk uns den Herzensfrieden, damit du uns zum Sakrament der Vergebung machen kannst,
vertreib in uns die Angst,
lass deine Einladung zum Mahl die Chance der Begegnung mit dir, dem Auferstandenen, sein
und verwandle mich durch mein Bekenntnis „Ich liebe dich, Herr“ in einen Liebenden.

Tür an Tür wohnen wir mit dem Auferstandenen

Tür an Tür leben wir mit den uns Vorausgegangenen
Tür an Tür erfahren wir Gottes Nähe
Tür an Tür beschenkt er uns mit seiner Gegenwart
Tür an Tür bereitet er uns sein Reich als Heimat vor
Tür an Tür erwartet er uns als seine Gäste in seinem Reich
Tür an Tür gibt er sich als Gastgeber des ewigen Mahles im Himmel.

Lass dir zu Ostern Neues schenken

Ich sehe ein, Leben lässt sich nicht festhalten,
jeder Augenblick ist neu.
Leben lässt sich nicht bewahren, es gibt es nicht auf Vorrat.
Leben lässt sich nicht wiederholen, was nicht gelebt wird,
geht verloren.
Leben lässt sich nicht verlängern, es ist immer zu kurz.
Leben lässt sich nicht kaufen, es ist unbezahlbar.
Leben lässt sich nicht verschenken, es hat nur für dich Wert.
Aber Leben lässt sich als Geschenk des Schöpfers leben und
wird wertvoll, wenn wir es mit anderen teilen.
Leben ist die Berufung, die Welt mit Leben zu erfüllen, die
Welt besser zu machen.
Leben ist ein Geschenk Gottes an mich.
Leben ist unverwechselbar und einmalig – es liegt an uns,
das Beste daraus zu machen.

Ich glaube an die Auferstehung – mein Bekenntnis:

Dank Jesus, der uns durch sein Leben und seinen Tod auf dieser Erde vorausging,
darf ich im Vertrauen, dass er die Wege und Grenzen unseres Menschseins kennt,
an die Auferstehung glauben.
Ich vertraue den Worten der Zeugen, die mit dem Auferstandenen gelebt und dieses bezeugt haben.
Die mit ihm gegessen, getrunken und gefeiert haben,
die uns ihre Erfahrungen zur Stärkung weitergeben.
Ich darf jetzt schon die Früchte der Heilswirkungen Jesu zum Grund meiner Freude machen.
Ich möchte mein Leben jetzt schon im Licht der Auferstehung Jesu sehen und mich danach ausrichten.
Der unumgängliche Tod hat für mich – als Durchgang zum Leben in Gott – eine neue Dimension erhalten.
Ich kann den verbleibenden Weg dorthin in Zuversicht und Vertrauen gehen.

Heiliger Geist als Lebensspender – Osterleuchten

Heiliger Geist, Vater der Armen

Vater derer, die sich nicht selbst genügen!
Vater derer, die auf andere angewiesen sind!
Vater derer, die allein keine Lösung auf ihre Fragen finden!
Vater derer, die das Reich Gottes suchen und um den Weg ringen!
Vater derer, die über das tägliche Leben hinaus das Ganze im Blick haben!
Vater derer, denen das irdische Leben zu begrenzt ist!
Vater derer, die einen nächsten Schritt Richtung Leben in Fülle machen wollen!
Ich bitte dich: Komm und erfülle uns mit deiner Nähe, damit wir wachsen und werden!

Bitte um Beistand

Weil ich die Not der Welt sehe, bitte ich Gott um Beistand, damit ich erkenne, was mein Anteil zu ihrer Linderung ist.
Weil ich Menschen begegne, denen ich helfen will, aber meine Ohnmacht spüre, zeig mir den Weg zu ihrem Herzen.
Weil ich viel Unfrieden erlebe und keine Antwort auf die Gewalt kenne, bitte ich um Frieden in der Welt.
Weil ich mich selbst als Teil der Welt sehe und als Friedensbringer leben möchte, bitte ich um Gerechtigkeit.
Weil ich die Kraft und Fülle der Frohbotschaft im Herzen trage, will ich diese weiterschenken und ein Stück Welt zu einem kleinen Garten im Reich Gottes machen.

Erleuchte die Augen unseres Herzens,

damit wir sehen, was du uns zutraust,
damit wir erkennen, was wir beitragen können zur Verwirklichung einer menschenwürdigen Welt,
damit wir den nächsten Schritt in die richtige Richtung setzen und die Liebe leben,
damit wir nicht die Augen vor der Realität verschließen,
damit nicht die Welt ohne uns weiterschreitet.
Schenke uns einen offenen Blick für das Verborgene,
um auch das Göttliche zu entdecken.
Schenke und einen Zugang zu dem, was wir mit unseren Augen nicht sehen können.
Schenke und uns einen offenen Blick für das, was unseren Augen noch verborgen bleibt,
und richte unsere Augen auf das, was wir nur mit dem Herzen sehen und erkennen können.

Der Heilige Geist als erster Anteil göttlichen Erbes

Jetzt schon sind wir Erben des Himmels und des ewigen Heils
Jetzt schon dürfen wir auf Erden die Freuden des Himmels auskosten
Jetzt schon will er mit uns den Weg zum Leben gehen
Jetzt schon gibt er uns Anteil an seiner Vielfalt durch die Schönheit der Natur
Jetzt schon schenkt er uns in den geglückten Beziehungen eine Erfahrung der Echtheit der Liebe.

Sagen wir ihm Dank durch ein spontanes Gebet
Sagen wir Dank durch ein Lied, das uns im Herzen erklingt
Sagen wir Dank, indem wir Liebe an unsere Mitmenschen weiterschenken.
Er will uns froh wissen und Glück erleben lassen
Er will uns durch seinen Atem aufleben lassen in Zuversicht

Beistand für ein erfülltes Leben

Komm, Geist des Vertrauens
– du Licht des Lebens.
Komm, Geist der Zuversicht
– du Hoffnung, dass alles Sinn macht.
Komm, Geist der Geschwisterlichkeit
– mach uns offen füreinander.
Komm, Geist der Vielfalt
– mach uns offen für andere Meinungen.
Komm, Geist der Gerechtigkeit
– lass uns deine Gaben miteinander teilen.
Komm, Geist der Geborgenheit,
lass uns einander Heimat schenken.
Komm, Geist der Freude, lass uns füreinander Freude sein.
Komm, Geist der Hoffnung, stärke uns, füreinander
Hoffnungsträger zu sein.
Komm, Geist des Mutes
– lass uns über uns hinauswachsen.
Komm, Geist der Treue
– stärke uns in der Wahrheit.
Komm, Geist der Ermutigung,
lass uns für andere Schutz und Rückhalt sein.
Komm, Geist der Liebe
– hilf uns, unsere Nächsten so anzunehmen wie sie sind.
Komm, Geist des Lebens, sei du unser Atem,
lehre unser Herz, sich von deinem Geist begleiten
und leiten zu lassen.

Heiliger Geist, den Jesus uns versprochen hat – erfülle uns mit deiner Freude

Heiliger Geist, Funke allen Lebens
– entzünde in uns den Glauben.
Heiliger Geist, du Ja Gottes zu seinen Geschöpfen
– berühre uns mit deiner Gegenwart.
Heiliger Geist, du Geheimnis Gottes, das uns anzieht
– nimm uns hinein in dein Sein.
Heiliger Geist, du Barmherzigkeit Gottes
– reinige unser Herz.
Heiliger Geist, du Wohnung Gottes unter den Menschen
– sei du unser Zufluchtsort.
Heiliger Geist, du Meer der Liebe
– lass uns eintauchen in dein ewiges Sein.
Heiliger Geist, du Geist aller Künste
– lass uns stauen über das, was du aus uns machen willst.
Heiliger Geist, du göttliche Nähe
– lass uns eins werden in dir.
Heiliger Geist, du Spiegelbild des Himmels,
lass uns erkennen, wozu Gott uns geschaffen hat.
Halleluja, Amen

Heiliger Geist als Wegweiser am Lebensweg

Heiliger Geist

Angelpunkt zwischen Gestern und Heute
Angelpunkt zwischen Verzweiflung und Vertrauen
Angelpunkt zwischen Absturz und Aufbruch
Wendepunkt zwischen Chaos und Schöpfung
Wendepunkt zwischen Verdammung und Erlösung
Wendepunkt zwischen Nicht-Sein und Sein
Drehpunkt, um den Anschluss zum Leben zu finden
Drehpunkt, um Zeitliches in Ewiges verwandeln zu lassen
Drehpunkt, um im Gutes-Tun der ewigen Liebe eine Chance zu geben
Ausgangspunkt, um dem Zerrinnenden ein Gefäß zu geben
Ausgangspunkt, um das vergängliche Ich zu einem unvergänglichen Dasein reifen zu lassen
Ausgangspunkt, um in der Liebe zu wachsen und an der göttlichen Liebe Anteil zu haben.

Der Heilige Geist – Er ist da

Als Geburtshelfer für Glaubende
Als göttlicher Funke in seinen Heiligen
Als Lebendigmacher des ewigen Wortes
Als brennender Dornbusch, der das Heilige aufleuchten lässt
Als Leuchtturm der ewigen Gegenwart Gottes in unserer Mitte
Als Wegweiser, der den Suchenden Orientierung gibt.

Herr, zeige mir deine Pläne

Du bist es, nach dem sich das Leben sehnt,
du hast den Plan, nach dem alles gelingen kann.
Ich darf Teil des Geschehens sein, das in dir mündet.
Ich will mich in deine Pläne einfügen,
damit du mich vollenden kannst.
Ich hoffe, dass ich deinem Heilsplan nicht im Wege stehe.
Ich vertraue dir, dass du in mir ganz machst,
was ich nicht erwirken kann.
Ich bitte dich, vollende für Dein Reich das in mir,
was du aus mir machen willst.
So vertraue ich, dass ich deinen Willen mit mir erkennen kann.
Ich darf glauben, dass mein Weg zu deiner Ehre und zu
meinem Heil wird.

Gestern wurde mir bewusst,

dass alles, was du von mir forderst,
in deinem Plan der Liebe Sinn macht,
dass alles, was du von mir willst,
das Böse verhindern und das Gute fördern kann,
dass alles, was ich Gutes tun konnte,
seinen Platz in deinem Reich findet.
Heute ist mir klar,
dass alles, was du mir mitgegeben hast,
Erfüllung finden kann,
dass alles, was du mir zutraust,
in mir Frucht tragen kann,
dass alles, was du von mir willst,
mich fordert, belebt und Früchte bringt.
Für morgen vertraue ich,
dass du, der mich bisher getragen hat,
mich fest in deine Arme nimmst,
dass du, der mich berufen hat,
mich den weiteren Weg führst und mich heil machst,
dass du, der mir Leben geschenkt hat,
Freude, Kraft und Zukunft schenkst. Amen.

Gib mir ein hellhöriges Herz

Für die Stimmen der Zeit und ihre Botschaft
Für die Freuden der Menschen und ihre Nöte
Für die Lebendigkeit der Natur und ihren Anruf
Für die Vergänglichkeit des Lebens und ihre Chancen
Für die Zeichen der Zeit und ihre Deutung
Für den Auftrag des Augenblicks,
damit ich jetzt das tun kann, was dran ist,
damit ich jetzt dem Leben das gebe, was wachsen soll,
damit ich jetzt dem Wort vertraue, das Hoffnung in sich trägt,
damit ich jetzt der Botschaft Raum gebe, die Zuversicht gibt,
damit ich jetzt den Geschwistern Zuwendung und Wertschätzung gebe,
damit ich jetzt der Frohbotschaft Glauben schenken kann,
damit ich jetzt dem in mir Raum gebe, was Frucht bringen kann,
damit ich jetzt der Liebe einen Platz gebe durch mein Dasein.
So bitte ich um Offenheit für Neues, das in die Tiefe wachsen will,
um Kreativität für Neues, das mich verwandeln will,
um Zuversicht für Bewährtes, das mich den Weg zum Ziel führt,
um Vertrauen und Mut zum Zurücklassen des Vergangenen,
um Neuem Platz zu machen,
um Glauben für Verwandelbares,
um Hoffnung für Berufungsfreude,
um Liebe für das Leben in seiner Fülle.

Schenk uns einen neuen Geist

Unser Geist, der unsere Gedanken belebt,
ist ein großes Geschenk.
Unsere Gedanken und Sehnsüchte wenden sich oft an Dinge,
die wertlos sind, sie entgleiten und verlaufen sich im Nichts.
Oft ist es schwer, nicht von den täglichen Eindrücken
abgelenkt zu werden. Wir können sie nicht festhalten.
Auch im Gebet machen wir oft diese Erfahrung.

So bitte ich dich, Heiliger Geist, belebe meinen Geist,
damit er dem Leben dient.
Ich möchte die mir geschenkten Erlebnisse auskosten
und ihren tieferen Sinn aufgreifen.
Ich möchte meine Erfahrungen in deinem Licht sehen
und verstehen.
Ich möchte die mir geschenkten Einsichten mit deinen
Augen sehen können.
Ich möchte die mir anvertrauten Eindrücke im Herzen bewegen.
Ich möchte die mir im Gebet geschenkten Gedanken vertiefen.
Ich möchte das mir Geschenkte zum Dank und Lobpreis
machen.
Dazu schenke mir einen neuen und beständigen Geist. Amen

Pilgern
– zum Aufbruch verlockt

Beten mit den Füßen

Unterwegs, in Gedanken versunken,
möchte ich Gott danken für die Möglichkeit,
mein Herz nach oben zu richten
und es Gott zu überlassen, was er mir sagen will.
Dankbar für die Füße, die mich tragen,
damit ich mein Ziel erreichen kann.
Im bewussten Schauen auf die Vielfalt der Natur,
im bewussten Hören auf den Gesang der Vögel,
im bewussten Wahrnehmen, was in mir vorgeht und im
Offensein für die Begegnungen, die mir geschenkt werden.
Im Zurücklassen dessen, was ich verlassen habe
und im Vorausschauen auf das, was mich erwartet.
Die Füße tragen mich. Sie sind Mittler zwischen mir und
dem Weg, zwischen dem, was mein Herz bewegt und dem,
was ich suche – und dem, der auf dem Weg zu mir ist.

Gott bitten

Um einen klaren Blick für die Zeichen der Zeit
Um Erkennen der Nöte der Mitmenschen
Um Einsicht in die Realität des eigenen Lebens
Um eine hoffnungsvolle Aussicht auf einen authentischen
Weg
Um eine von Weisheit geleitete Sicht auf kreatives Sein
Um eine geistgelenkte Ausrichtung der Lebenskultur

Kraftorte als Zeichen seiner Nähe

Unsere Vorfahren haben sie errichtet als Erinnerung an Gottes Handeln,
als Dank für Antwort und Hilfe in Not.
Als Ort, an dem Menschen seine Nähe spüren können, als Raum, in dem Menschen Schutz erfuhren. Jetzt sind wir da, an dem Ort der Erinnerung, und bitten um Segen.
An dem Ort des Gebetes, wo Bitten erhört worden sind, an den Wegkreuzungen,
wo Menschen Schutz und Hilfe fanden.
So lasst uns nicht weggehen, ohne unser Vertrauen auf die Hilfe Gottes zu bekunden.
Wir wollen im Gebet Segen erbitten, Gott Dank sagen für seine Liebe, Jesus am Kreuz unsere Unfreiheit anvertrauen und den Heiligen Geist um Beistand auf unseren Wegen bitten.

Mein Herz öffnen

Für das Neue, das mich weiterführen will
Für das Beständige, das Grund meines Vertrauens ist
Für das Geschenkte, auf das ich aufbauen kann
Für das Erlebte, das mich geprägt hat
und Teil meines Lebens ist
Für das Unerwartete, das mich aufrütteln
und zum Nachdenken anregen will
Für das Zukünftige, das mir Gott zutraut

Es gibt Wege, die uns leichtfallen

Wege, die nicht nur eine Distanz überwinden,
sondern auch Glück und Erfüllung versprechen.
Wege, die uns anspornen, den selbst gewählten
Ausgangspunkt zu verlassen, um Neues zu erleben.
Wege, die zwar anstrengend sind,
aber einen neuen Blick auf das Erreichte freigeben.
Wege, die uns zwar nicht einsichtig sind,
aber trotzdem das Erreichen des Zieles in sich tragen.
Wege, die wir nicht in Freiheit selbst gewählt haben,
die aber notwendig sind, um für andere da sein zu können.
Wege, die hinabführen in die Tiefen des Lebens, aber mit
einem Begleiter zum Erlebnis werden.
Wege, die in die Freiheit führen und Hoffnung in sich
tragen, weil Gott unsere Sehnsucht erfüllt.

Er ist die Mitte

Von der alles ausgeht und in die alles mündet
Die alles zusammenhält und alles verwandelt
Die unser Ursprung ist und in die alles zurückfließt
Die Mitte unseres Miteinanders, die alles verbindet
Der Kern des Daseins, der Angelpunkt unseres Lebens
Der Mittelpunkt, der das Eigentliche rund macht
Der Zielpunkt, der das Leben ausmacht und die Liebe als
Mitte hat

Geborgen in Gottes Schöpfung

darf ich aufatmen und mich freuen.
Geborgen in Gottes Plänen
darf ich auf seine Weisheit bauen.
Geborgen in Gottes Barmherzigkeit
darf ich Schuld zurücklassen.
Geborgen in Gottes Vorsehung
darf ich mich ganz in seinen Willen ergeben.
Geborgen in Gottes Wirken heute
darf ich teilhaben an seiner Kreativität und seinem Reichtum.
Geborgen in Gottes liebender Zuwendung
darf ich offen sein für seine kleinen Zeichen der Nähe.
Geborgen in Gottes heilendem Handeln
darf ich auch meine Wunden ihm hinhalten.
Geborgen in Gottes Güte
darf ich ihm meine Defizite anvertrauen
und um Vergebung bitten.
Geborgen in Gottes Gerechtigkeit
darf ich meine Verfehlungen bekennen
und um Kraft für einen ehrlichen Blick bitten.
Geborgen in Gottes Gegenwart
darf ich um seine Verwandlung bitten,
wo mich Versagen anklagt.
Geborgen in Gottes Liebe
darf ich meine Liebe festmachen
und um seinen Beistand bitten.
Geborgen in Gottes Freude kann ich diese Freude
mit meinem Nächsten teilen.

Gib mir die Hand,

lebensspendender Gott, damit ich mein Herz spüre und Leben weitergeben kann.
Gib mir den Atem, lebendig machender Gott, damit ich deinen Geist atmen kann und die Kraft des Lebens einatmen kann.
Gib mir Vertrauen, undurchschaubarer Gott, damit ich mich festmachen kann an deinen Verheißungen und Hoffnung ausstrahlen kann.
Schenk mir deine Gegenwart, unerschließbarer Gott, damit ich teilhaben kann an deinem Sein und weitergeben, was von dir kommt.
Erfülle mein Herz mit tiefer Zuversicht, damit ich dein Sein und Wirken entdecken und bezeugen kann.
Übernimm meinen Körper und meinen Geist, du Gott der Menschen, damit erlebbar wird, dass sich dein Wille an mir erfüllt hat.

Ich bin bei dir geborgen

Geborgen auf dem Weg des Lebens bei Tag und bei Nacht
Geborgen im Suchen nach Antworten auf die Fragen des Glücks
Geborgen im Ringen um Wahrheit und einen sinnerfüllten Alltag
Geborgen in der Unsicherheit, woran ich mein Herz festmachen kann
Geborgen im Nebel der verschiedenen Auskünfte
Begleitet in der Hast des Alltags
Begleitet in der Unruhe, nichts im Leben zu versäumen
Begleitet in der Orientierungslosigkeit zwischen verschiedenen Meinungen
Begleitet auf dem Weg zu einem sinnerfüllten Leben.

Vollbracht

Es ist ein langer Weg, bis wir ankommen und es kann steil und steinig werden, bis wir am Ziel sind.
Es braucht unsere ganze Kraft bis wir „es ist vollbracht" sagen können, denn es führt kein Weg zurück zum Ausgangspunkt.
Doch es gibt Menschen, die mitgehen, es gibt immer wieder Zeichen der Hoffnung.
Es gibt Anhaltspunkte, dass wir am richtigen Weg sind,
es gibt Wegweiser, die Mut machen.
Es gibt Kräfte, die sagen, du schaffst es.
Es gibt eine innere Stimme, die Mut zum Weitergehen gibt.
Denn es geht nicht um Leistung, sondern um Hingabe.
Es geht nicht um Beweise, wie gut ich bin,
es geht nicht um einen Kraftakt, der die Welt aushebelt,
und es geht nicht darum, die Welt zu retten.
Jesu letztes Wirken in dieser Welt war:
„Heute noch wirst du mit mir im Paradies sein"
– „Vater, in deine Hände lege ich meinen Geist"
– „Es ist vollbracht": das Werk der Liebe.

Beten
im Fluss der Zeit

Die Zeit als Geschenk

Sie war erfüllt im Gestern mit allem, was dort begann
Sie ist angebrochen im Heute mit allem,
was das Dasein ausmacht
Sie wird eintreten ins Morgen mit allem,
was das Gestern mitbrachte
So lasst sie uns füllen mit Sehnsüchten, die das Gestern
nicht habhaft machte, so lasst uns das Heute beleben mit
Tatsachen, die das Morgen herbeisehnt.
Wir dürfen das Gestern zurücklassen,
um im Heute präsent zu sein
So erwarten wir das Morgen, indem wir der Hoffnung
Raum geben, da zu sein, wenn es Zeit ist.
Was heute war, ist Vergangenheit, was morgen sein wird,
steht schon bereit.
Was Leben zum Leben braucht, ist unser DASEIN
und SEIN im Augenblick.

Geboren zum Leben

Wir danken dir, liebender Gott, für unsere Kinder.
Sie sind ein Hoffnungszeichen für uns.
Sie treten in diese Welt ein als Schutzbedürftige,
ganz auf die Liebe der Eltern angewiesen.
Vor allem brauchen sie unsere Liebe und Zuwendung,
damit sie wachsen können.

Hilf uns, sie auf dem Weg der Menschwerdung zu begleiten,
damit sie die Weiten und die Werte, für die es sich zu leben lohnt, entdecken können.
Wir wünschen ihnen, dass sie die Welt annehmen,
die Mitmenschen wertschätzen und die Gesellschaft mitgestalten lernen,
dass sie Freude erleben, dich als ihren Vater lieben lernen und ihr Glück in der Geborgenheit bei dir erfahren und erleben können.

Wir können im Gebet Gott bitten

Er kann uns den Weg weisen, wenn wir ihm vertrauen.
Er bietet uns göttliche Weisheit an, damit uns unser Wissen nicht in eine Sackgasse führt.
Er will uns seine Nähe schenken, damit wir uns eingebunden wissen in seinen Schöpfungs- und Erlösungsplan.
Er will die Schönheit der Schöpfung mit uns teilen,
uns teilhaben lassen im Staunen an seiner Freude.
Er will uns Raum geben, in die echte Freiheit hineinzuwachsen und in Gemeinschaft mit ihm zu leben.
Er will uns aufrichten und Standfestigkeit geben,
um als sein Ebenbild die Welt zu gestalten.
Er hebt uns dank Jesu Leben und Wirken als seine Kinder empor, um uns Anteil zu geben an dem,
was er hat und was er ist.

Lass mich das rechte Wort finden

Lass mich, Heiliger Geist, das Wort finden,
das nötig ist, um auf alle Bedürfnisse nach Gottes Willen
zu antworten.
Lass mich das Wort sagen, das zu Herzen geht
und die Tiefe berührt,
das bescheiden, aber wirksam als Werkzeug im Inneren ist.
Das Trostwort, das jemand braucht,
um den Weg weiterzugehen,
das teilnehmende, verständnisvolle Wort,
das neu Mut macht,
das anerkennende Wort, das dem Verachteten
Achtung bezeugt,
das stärkende Wort, das den Ängstlichen den nächsten
Schritt wagen lässt,
das gütige Wort, für den, der Verurteilung fürchtet.
Das frohmachende Wort für den, der alles in dunklen
Farben sieht,
das erleuchtende Wort für den, der im Finstern den Weg
nicht mehr zu gehen weiß,
das mitleidvolle Wort, das Gemeinschaft mit den Geprüften
bewirkt,
das Wort liebenswürdiger, zarter Aufmerksamkeit,
das Freude weckt.

Leben erbat ich mir

Ich erfuhr Gottes Großzügigkeit, ich wurde beschenkt mit Zutrauen und Freude.
Ich entdeckte, dass er mir alles gibt. Ich erfuhr dadurch, wie sehr er mich wertschätzt und liebt.
Ich machte die Erfahrung seiner Nähe und sah die Natur und deren Schönheit mit neuen Augen.
Ich konnte mich an der Zuwendung der Menschen erfreuen und erlebte den Blick in die Weite des Alls als Wunder seiner Schöpfung.
Ich entdeckte im eigenen Herzen den Weg zur Freude und war erfüllt mit Zuversicht für mich und die Welt.
Ich erlebte betroffen, wie das Böse sich selbst zerstört.
Ich konnte selbst am Boden liegend mit seiner Hilfe neu aufstehen und Kraft schöpfen.
Ich war im Herzen berührt, wie Gottes Liebe auf der Seite der Armen steht.
Ich staunte über einen Gott, der alles für mich tut, über einen Gott, von dem ich gesegnet und getragen werde.

Der Sonntag als Geschenk zum Kraftschöpfen

Ein Geschenk, um Erholung zu finden für Körper und Geist,
um der Seele Einkehr und Tiefe zu ermöglichen,
um vom Alltag abzuschalten und dem Körper Ruhe zu gönnen,
um uns unserer Werte bewusst zu werden und dem,
was uns Kraft gibt,
um uns am Leben zu erfreuen und das Leben feiern zu können.
Dankbar dürfen wir darauf bauen, dass das Leben mehr als Arbeit in sich birgt.
Dankbar können wir auf das zurückblicken, was uns prägt und erfreut.
Dankbar können wir das Gemeinsame mit unseren Lieben in den Mittelpunkt stellen.
Dankbar können wir das uns Verbindende gestalten und feiern.
Dankbar für die Hoffnung, die uns erfüllt, weil die Vergänglichkeit nicht das letzte Wort hat. Dankbar für die Sorge Gottes um unser Dasein, weil er uns alles gibt,
was unser Leben ausmacht.

Sonntag

Der Tag nach Vollendung der Schöpfung – ein Dankestag
Der erste Tag der Woche, den Gott uns erleben lässt
– ein Freudentag
Der Tag des Innehaltens, weil Arbeit nicht die Erfüllung des
Lebens ist – ein Einkehrtag
Der Tag des Ruhens, um Kraft zu schöpfen für den Alltag
– ein Ruhetag
Der Tag des Miteinanders in der Familie – ein Familientag
Der Tag des Lobpreises Gottes für seine liebende Gegenwart
– ein Gottestag
Der Tag des Feierns, dass Jesus vom Tod zum Leben
erstanden ist – ein Herrentag
Der Tag der Hoffnung, dass Gottes Vollendung unser Sein
und Wirken segnet – ein Segenstag
Der Tag der Freude, der uns geschenkt ist,
um uns auf den Himmel zu freuen.

In deine Hände

In deine Hände lege ich diesen Abend, mein Leben und alles, was ich heute Gutes tun konnte.
Alles Schöne und Gute, das andere mir erwiesen haben, bringe ich dankbar dir, dem Geber alles Guten.
Ich darf dir auch meine Defizite und Fehler, die ich andere habe spüren lassen, mit der Bitte um Vergebung übergeben, und meinen Vorsatz, es morgen besser zu machen.

Ich vertraue dir alles an, was mich heute bewegt oder Sorgen bereitet hat.
Mit deiner Kraft will ich das Gute fördern und mich dem Bösen verwehren.
Segne alle, die mit mir diesen Tag erleben durften und nimm ihn in deinen barmherzigen Segen hinein. Amen.

Rückblick auf den Tag

Wenn uns die Müdigkeit erfasst, lass uns bei dir Vertrauen finden, sodass wir loslassen können und dankbar auf das schauen, was wir heute vollbringen konnten.
Lass uns auf das blicken, was gelungen ist und auch auf das, was unvollendet blieb.
Lass uns unsere Begegnungen mit Menschen in den Blick nehmen und auch unsere Fehler eingestehen, die wir unbewusst oder willentlich gemacht haben.
Lass uns dankbar auf das schauen, was uns mit der Hilfe und im Zusammenwirken mit unseren Mitmenschen gelungen ist.
Lass uns mit Freude denen danken, die uns Mut und Hoffnung gemacht haben, unser Leben in Freude und Zuversicht zu leben.
Wir legen dir auch unser Wirken für Menschen hin, die unsere Hilfe erwartet oder gebraucht haben.
Lass uns jetzt alles loslassen, was uns bewegt oder Sorge gemacht hat und den vergangenen Tag in deine liebenden Hände legen – im Vertrauen, dass du uns für den kommenden Tag Kraft und Freude schenken wirst.

Abenddank

Ein Tag geht zu Ende und doch bleibt vieles offen.
Jeder Augenblick war wertvoll und lässt hoffen, morgen wieder daran anzuknüpfen.
Jede Begegnung hat Spuren in uns hinterlassen und wir vertrauen, dass diese uns selbst für weitere Schritte offenhalten.
Jeder stille Augenblick hat uns den Blick nach innen eröffnet und unser Inneres hell gemacht.
Jede Erfahrung, dass wir für andere wichtig und wertvoll sind, hat uns mit Freude und Genugtuung erfüllt und unser Selbstbewusstsein gestärkt.
Jeder Schritt auf einen anderen Menschen zu hat die Stärke unserer Liebe unter Beweis gestellt.
Jede Zuwendung hat Früchte getragen, von denen wir auch in den kommenden Tagen leben können. Danke für diesen erfüllten Tag.

Für alles, was ich heute mit Leben erfüllen konnte

Dankbar überlasse ich dir, guter Schöpfer, mein Tun, alles was ich heute mitgestalten und mit Leben erfüllen konnte. Ich danke dir für das Mit- und Füreinander mit meiner Familie, mit Freunden und Kollegen in Arbeit und Freizeit. Auch für die Pausen und alle Begegnungen im Alltag, in den ich mit ihnen verbunden war. Besonders glücklich hat mich das Miteinander mit meiner Familie gemacht, ich durfte mich dadurch eingebettet und getragen wissen. Danke für die liebende Zuwendung meiner engsten Anvertrauten, die für mein körperliches, geistiges und seelisches Wohl gesorgt haben. Es möge dein Segen ihr Herz mit Freude, Glück, Verbundenheit und erfülltem Leben erfüllen.

Es war ein guter Tag

Guter Gott – es war ein guter Tag, er war erfüllt mit Erfahrungen, Begegnungen und Erlebnissen. Vieles wurde mir heute bewusst, geschenkt und zugängig gemacht.
Nun neigt sich der Tag und die Müdigkeit holt mich ein.
Nun vertraue ich mich deiner Gegenwart an und bitte um Schutz vor Unheil, Not und Tod.
Schenke mir zum Einschlafen gute Gedanken,
eine erholsame Nacht und einen frohen Morgen.

Hier bin ich Mensch, der das Leben liebt

Hier bin ich klein vor meinem Schöpfer, der mir die Demut dazu gibt.
Hier bin ich groß vor meinem Gott, der mich groß macht.
Hier bin ich glaubend vor dem Geheimnis dessen, der mich als Mensch geschaffen und zum Christen berufen hat.
Hier bin ich hoffend vor dem, der mir die Zukunft schenkt.
Hier bin ich vertrauend vor dem, der mir seine Wege offenbart.
Hier bin ich atmend vor dem, der mir seinem Atem schenkt.
Hier bin ich zuversichtlich vor dem, der mich geschaffen hat und liebt.
Hier bin ich abwartend vor dem, der mir die Zeit schenkt.
Hier bin ich bittend vor dem, dem ich vertraue.
Hier bin ich dankend vor dem, dem ich alles verdanke.
Hier bin ich Mensch vor dem, der uns die Erde anvertraut hat.
Hier bin ich Geschöpf vor dem, der mich als sein Ebenbild gemacht hat.
Hier bin ich als sein Kind, vor dem, der mich zum Erben des Himmels bestimmt hat.

Alles, was ich bin

Alles, was du, liebender Gott, mir für heute zugetraut hast,
will ich jetzt in deine Hände legen.
Alles, was ich erleben durfte, hier ist es,
mache es zum Segen
für alle, mit denen ich mein Leben teilen konnte.
Für alles, woran ich heute gescheitert bin,
was ich nicht fertig stellen konnte,
sei du morgen mein Begleiter und Beistand.
Alles, was ich dank deiner Kraft mit Leben erfüllen konnte,
sei zu deiner Ehre.
Alles, wodurch ich Freude weitergeben konnte,
war ein Geschenk von dir.
So sei dieser Tag – als einer von vielen
– deinem Wirken geweiht und jetzt
zurückgelegt in deine Barmherzigkeit und Güte.

Worauf ich baue, wenn die Nacht kommt

Wenn der Tag zu Ende geht, bitte ich dich,
liebender Gott, sei du das Licht meines Herzens.
Sei du der Abendstern meines Weges zur Geborgenheit,
sei du der Anker meiner Zuversicht.
Sei du das Licht zu meiner Orientierung,
sei du die Quelle meines inneren Lichts.
Sei du die Deutung meiner Träume,

sei du der Morgenstern, der den neuen Tag ankündigt.
So darf ich den heutigen Tag in deine Hände zurücklegen,
so kann ich das heute Erlebte zurücklassen,
so wird mir das Schwere abgenommen,
so kann ich den Tag vertrauend abschließen,
so darf ich einen erholsamen Schlaf erwarten.
Ich vertraue dir meine ungelösten Gedanken an.
Lass meine Seele ruhig werden in dir.
Dir kann ich alles Belastende übergeben, so darf ich mein Herz bei dir geborgen wissen.
Ich will dir vertrauen, dass du mir einen neuen Morgen schenkst und ich mit neuer Kraft den kommenden Tag erleben kann.

Schaffe uns neu mit deinem Geist

Dein Geist kann unsere Vergangenheit heilen.
Dein Geist kann uns die Schönheit der Natur zeigen.
Dein Geist kann uns die Tiefe der Freude erneuern.
Dein Geist will uns die Schönheit und Freude im Leben aufleuchten lassen.
Dein Geist will unsere Begegnungen mit Glück und Wertschätzung füllen.
Dein Geist will unseren Geist lenken, damit wir unser Leben zum Heil und Segen für alle machen.
So bitten wir um dieses Geschenk des Neuwerdens, strecken wir uns aus nach diesem Geist der Liebe.
So bitten wir um ein offenes Herz, das deinen Geist erbittet.
So ringen wir um deinen Beistand, der unser Herz beleben und mit Liebe füllen will.

Muss nicht …

Muss nicht der Schöpfer größer sein als das,
was er geschaffen hat?
Muss nicht der mehr Weisheit haben, der uns die Weisheit schenkte, über die wir nur staunen können?
Muss nicht der, der die Menschen leben lässt, ihnen den Sinn und das Ziel mitgeben?
Muss nicht der, der die Schönheit schuf, diese übertreffen?
Muss nicht der, der Macht über alles hat, mächtiger sein als alle Macht?
Muss nicht der, der allem, was er schuf, Raum zur Entfaltung gab, auch dessen Erfüllung sein?
Muss nicht alles, was ist, dem, der es schuf, Dank sagen?
Darf nicht der Geliebte dem Liebenden Liebe erweisen?
Darf nicht der Beschenkte, dem Schenkenden danken?
Darf nicht jeder, der ist, sein DASEIN zum DANKSEIN erheben?

Wir Menschen sind Abbild des Schöpfers

Danke, dass du mich als dein Abbild geschaffen hast,
als Mensch, der von dir die Möglichkeit bekommen hat,
die Schöpfung und das Leben zu gestalten.
Als Mensch, der durch deinen Geist Anteil an der Gabe hat,
die Geheimnisse des Lebens und der Welt zu erforschen.

Als Mensch, der von dir die Sehnsucht mitbekommen hat, an einem unvergänglichen Leben teilzuhaben.
Als Mensch, der die Hoffnung in sich trägt, sein Leben mit Sinn zu erfüllen und in Würde zu leben.
Als Mensch, der die Sorge in sich trägt, mit anderen gemeinsam eine lebenswerte Welt zu gestalten. Als Mensch, der vom Wunsch erfüllt ist, trotz aller Unterschiedlichkeit gleichberechtigte Wertschätzung zu erfahren.
Als Mensch, der die Gabe hat, Kreativität zu leben und zu fördern.
Als Mensch, der in Würde geschaffen ist, der nicht ausgenützt werden darf, der eigenständig entscheiden kann.
Als Menschen, die in Freiheit und Würde leben und sich gegenseitig dabei unterstützen.
Als Menschen, denen die Berufung zur Liebe ins Herz gelegt wurde.
Gottes Abbild sind wir,
wenn wir authentisch unser Leben leben und in das hineinwachsen, wozu Gott uns geschaffen hat. Wenn wir dem Gewissen folgen und mit seiner Hilfe an einer menschenwürdigen Welt bauen.
Wenn wir die in uns hineingelegten Fähigkeiten für uns selbst und für die uns Anvertrauten nützen. Wenn wir die Schönheit und Vielfalt der Natur annehmen und sie als Geschenk Gottes gestalten. Wenn wir die Hilfen der Technik und Forschung zur Entwicklung und zum Wohl aller einsetzen. Wenn wir das Vertrauen unserer Mitmenschen aufgreifen und gemeinsam das Leben gestalten. Wenn wir Gottes Liebe zum Maßstab für unser Leben machen.

Lass dein Antlitz über uns leuchten

Damit wir uns in aufrichtigem und ehrlichem Licht selbst sehen
Damit wir uns unserer Würde als Kinder Gottes bewusst werden
Damit du uns aus der Finsternis ins Licht führen kannst
Damit du uns unsere innere Dunkelheit bewusst machen kannst
Damit uns dein Lichtstrahl den Weg zum Licht weisen kann
Damit uns unsere Orientierungslosigkeit nicht in den Abgrund führt
Damit wir Jesus zum Licht des Lebens folgen können
Damit wir Licht sein können für die uns Anvertrauten
Damit wir die Dunkelheit des Herzens durchbrechen können
Damit wir die Irrlichter vom wahren Licht unterscheiden können
Damit wir im Antlitz Jesu die Armen sehen können
Damit wir geführt werden von Gottes Weisheit und durch unser Wirken mehr Licht in die Welt bringen können.

Beten und Leben in Gemeinschaft

Ein Bekenntnis

Es gibt nichts, was Gott nicht heilen und verwandeln kann,
was seine Schöpfung zerstören und auslöschen kann,
was seine Liebe zu den Geschöpfen außer Kraft setzen kann,
was seine Erlösung durch Jesus Christus, seinen Sohn,
aufhalten kann,
was der Heilige Geist, der Beistand, nicht durchdringen und
lebendig machen kann,
was sein göttliches Wirken aufhalten und unfruchtbar
machen kann
was unsere Teilhabe an seiner Göttlichkeit beenden kann.

So lasst uns als seine Kinder und Erben des Himmels diese
Zuwendung lebendig halten.
So dürfen wir seinem Wort des Lebens vertrauen.
So schenken wir seiner Frohbotschaft, die er uns durch Jesus
verkündet hat, unseren Glauben.
So öffnen wir unser Herz seiner liebenden Zuwendung
und seiner Berufung.
So bekennen wir uns als seine Erwählten zur Sendung als
seine Zeugen in der Welt.
Damit sein Reich der Liebe – das Jesus angekündigt und
eröffnet hat – wächst und erfahrbar wird.
Damit sein Plan der Erlösung durch uns, seine Zeugen,
fruchtbar werden kann.
Damit sein Beistand, der Heilige Geist, unsere Herzen
entzünden und verwandeln kann.
Damit wir als seine Geschöpfe am Aufbau des Reiches
Gottes mitwirken können.

Vater werden und sein

Es gibt kein SEIN ohne das WERDEN, und das ist ein langer Weg mit vielen Erfahrungen.
Vater werden beginnt mit dem Sohn-Werden.
Vater werden braucht die Erfahrung des „Sohn-Seins“ in Verbundenheit mit dem Vater.
Vater werden heißt Schöpfer sein für das Leben eines geschenkten Lebens.
Vater werden heißt, dem DU Raum geben um sich zu einem DU entfalten zu können.
Vater werden heißt Werte vorleben, in dem das DU zum DU werden kann.
Vater werden heißt, Perspektiven für ein sinnerfülltes Leben gemeinsam auszuloten.
Vater werden heißt aber auch,
erkennen, wie begrenzt ein Vater den Glauben an das eigene Selbst und an Gott vorleben kann.
Erkennen, wie begrenzt ein Vater die Hoffnung auf ein erfülltes Leben mitgeben kann.
Erkennen, wie begrenzt ein Vater die Liebe als Inhalt und Ziel des Lebens schenken kann.
Erkennen, wie begrenzt ein Vater Zuversicht für ein Leben voll Sinn geben kann.

Familie als Geschenk

Hineingeboren – nicht selbst ausgesucht,
also eine Herausforderung und Chance.
Wachsend – täglich neu gefordert vom ersten
bis zum letzten Augenblick, der uns verbindet.
Gefunden – als Geschwister sich aneinander reibend,
aber auch einander stützend.
Entdeckt – als Teil eines Ganzen mit der Möglichkeit,
als Einzelner in Gemeinschaft zu reifen.
Entscheidung – auf sich selbst zu bauen
um die Welt zu verändern, oder:
Teil eines neuen Ganzen – das zur Familie wird – zu werden.

Lasst den Selbstsicheren ihre Argumente

Lasst den Egoisten ihr aufgeblasenes Ich – zu ihrer Genugtuung
Lasst den Frommen ihre Rituale – zu ihrer Scheinheiligkeit
Lasst den Unfriedenstiftern ihre Feinde – zu ihrer Selbstbestätigung
Lasst den Ungeduldigen ihre Eile – zu ihrem Erfolgsstreben
Lasst den Ängstlichen ihr Sicherheitsbewusstsein – zu ihrer Sorge um das eigene Wohl
Lasst den Selbstgerechten ihre Paragraphen – dann müssen sie sich nicht dem Leben aussetzen.

Das Alter:

Eine Chance, den göttlichen Fügungen mehr zu vertrauen als den eigenen Kräften.
Das Alter: Eine Einladung, das in uns durchbrechen zu lassen, was schließlich bleiben wird.
Das Alter: Eine Tür, um nach vorne zu schauen und das Unabänderliche in Gottes Hände zu legen.
Das Alter: Eine Möglichkeit, aufzuwachen aus dem selbst Geschaffenen und empfangen zu lernen, was himmlisch ist.
Das Alter: Eine Vorbereitung auf das, was vor uns liegt.

Aus seiner Fülle haben wir empfangen:

Die Botschaft, dass unser Leben Sinn und Zukunft hat
Das Vertrauen, dass er unseren Blick für das Wesentliche freimachen kann
Die Hoffnung, dass alles, was wir dem Geringsten tun, Segen und Heil bringt
Die Erwartung, dass wir an der Auferstehung Jesu teilhaben können
Die Zuversicht, dass wir die Kraft und Gnade bekommen, unsere Sendung als seine Geschöpfe zu erfüllen
Den Weitblick, nicht nur uns selbst, sondern die Welt durch unser Tun zu bereichern und zu erhellen Eine Zukunft, die wir mit den Augen des Glaubens als Verwandelte sehen
Die Sehnsucht nach dem Kommen von Gottes Reich.

Kreativ sein und handeln

Greif zu, wenn dein Geist dir neue Möglichkeiten anbietet
und gib ihm Raum,
damit sich diese Chancen entfalten können.
Halte still, wenn etwas dein Herz bewegt
und aus der Betroffenheit Hoffnung wächst.
Lass dich einholen von der Zuversicht,
dass du zu mehr fähig bist als zu dem
was hinter dir liegt und unveränderbar ist.
Lass zurück das Unveränderbare, um Steine zu finden,
die von dir
zu Kunstwerken bearbeitet werden wollen.
Schenke dem Beachtung, was dich auf die Suche
nach den Perlen des Lebens schickt
und dich auf die Spur des Vertrauens und Reifens bringt.
In Dankbarkeit für das „Geführt-Werden“ gib das weiter,
was dir Sinn und Freude macht.
Werde, was DU bist und SEI was dein Leben ausmacht.

Wer an die Ewigkeit glaubt, hat mehr vom Leben

Sonst wird diese Erdenzeit zu kurz,
um alles erleben und haben zu können
Sonst wird diese Erdenzeit zu kostbar,
um bei den Menschen und den Dingen verweilen zu können
Sonst wird diese Erdenzeit zu verplant,
um alles genießen zu können.
Wer nicht an die Ewigkeit glaubt,
lebt in der Angst, zu kurz zu kommen
und verschließt sich selbst das Tor zur Zukunft.

Er lockt mich

Er führt mich zu Menschen,
die ein Zeichen seiner Liebe brauchen.
Er stellt mir Aufgaben,
die meine ganze Kraft brauchen.
Er überrascht mich mit Menschen,
die mir seine Wege zeigen und mich begleiten.
Er lockt mich in die Ferne,
um mich ganz in seiner Nähe zu haben.
Hinter allem, was er tut,
darf ich im Gebet den Plan seiner Liebe erkennen.

Du bist da

Du willst da sein, wo ein Anfang ist,
aber noch nicht erkannt wird.
Du bist da, wo das Ende in Sicht ist,
wo du dahinter als Retter wartest.
Du bist gegenwärtig,
wo der Boden des Erfolges nicht mehr trägt.
Du bist nahe, wo die Freiheit groß geschrieben wird und
zum Vorwand wird für Distanz.
Du bist lebendig, wo der Tod die Grenze ist,
aber dein Reich beginnt.
Du bist verborgen, wo die Not groß,
aber deine Barmherzigkeit schon wirksam wird.
Du bist uns nahe, wo wir dich suchen
und nur im Glauben erahnen können.
Du bist es, der uns entgegen kommt, wenn wir ja sagen.

Nicht aufgeben

Wo wir vor einer Mauer stehen,
wo uns die nächste Stufe zu hoch erscheint,
wo wir einander nicht mehr verstehen,
wo wir selbst nichts mehr beitragen können,
wo es keinen Weg und keine Antwort gibt,
wo scheinbar die Melodie des Lebens endet.
Geben wir der verborgenen Gegenwart und Kreativität
Gottes eine Chance.
Geben wir das weiter, was wir im Herzen tragen und was als
Glück für andere bestimmt ist.

Das Ja zum Leben wird zum Gebet

Jedes Aufblicken des Menschen zu Gott als Schöpfer ist ein Gebet.
Jedes sich Ausstrecken nach Gottes Gegenwart öffnet uns ein Tor zum Himmel.
Jede Sehnsucht, seine Dankbarkeit für das geschenkte Leben auszudrücken, ist Lobpreis.
Jedes Erbitten von Vertrauen in seinen Plan der Liebe ist ein Schritt seiner Zuwendung.
Jedes Aufflackern des Zutrauens, dass er es gut meint, ist ein Zeichen, dass er mit uns ist.
Jedes Ja zum Leben, wie es ist, birgt die Hoffnung eines geglückten Lebens in sich.
Jedes mit Atem erfüllte „Halleluja" über das Geschenk des Lebens wird zum Gebet.

Jesus will alles mit dir teilen

Vertraue deine Angst im Gebet dem Menschensohn an,
er wird sie von dir nehmen.
Schenk ihm das dir aufgebürdete Kreuz,
er wird es mit dir tragen.
Gründe deine Hoffnung auf ein erfülltes Leben
auf die Zusagen Jesu, er wird dir den Weg zeigen.
Lass ihn teilhaben am Gelingen deiner Pläne,
er wird sie verwandeln und ewig machen.

Berufen zum Leben in Fülle

Berufung

Wenn Gott uns auf eine besonders Spur gelockt hat,
hat er etwas Besonders vor.
Wenn Gott uns eine lebensverändernde Erfahrung machen lässt, uns eine tiefe Einsicht schenkt,
will er uns ein Tor zu neuen Wegen eröffnen,
will er uns den nächsten Schritt zeigen, damit wir über uns selbst hinauswachsen können,
will er uns den Blick öffnen für das, was noch verborgen ist,
will er uns freimachen von Vergangenem, damit wir uns zu neuen Ufern aufmachen.
Wenn er uns auf ausgetreten Pfaden unsicher macht,
Wenn er unseren eingeschränkten Blick weitet,
Wenn er uns den tieferen Sinn unserer Berufung zugängig macht,
dann sind wir daran, seinen Wink aufzunehmen.
Dann liegt es an uns, ob wir uns über unser Eigenes hinausführen lassen.
Dann kann er mit uns ein neues Kapitel aufschlagen,
dann will er mit uns seinen kreativen Schöpfungswillen entfalten.
Dann ist sein Ruf bei uns angekommen. Er ist es,
der uns in die Weite führt.

Ein Ruf an mich

Ein ZuRuf, der mich aus einer Einsicht heraus
zur Erkenntnis reifen lässt
Ein AufRuf, der den trifft, der
bei ihm schon sein Vertrauen gefunden hat
Eine BeRufung, die schon in den Genen angelegt ist
Sie will abgerufen werden
Sie will aufgegriffen werden
Sie will aufgenommen werden

Hier ist heiliger Boden:

Wo wir Gottes Saum berühren und seine Gegenwart erfahren
Wo Gott als letzter Grund unseres Seins erfahrbar und
spürbar wird
Wo ein größeres Ganzes sich auftut und uns zum Staunen
bringt
Wo die Weite sich öffnet und sich vor unseren Augen breit
macht
Wo die Augen aufgehen und der Himmel sich öffnet
Wo Neues das Alte in den Schatten stellt
Wo das Eigene in ein Neues übergeht

Du bist der Atem, wenn ich bete

Belebe mich, damit mein Inneres durchflutet wird von deinem Geist
Mach mein Sein lebendig vor dir, damit es wach ist für dich
Erfülle mein Herz, damit es für dich schlägt und mich ausfüllt
Gib meinem Denken einen Inhalt, damit ich bergreifen kann, was du mit mir vorhast
Überströme mein trockenes Dasein, damit es ein aufnahmebereiter Boden für dich wird
Lass mich nach dir ausstrecken und neue Wege suchen
Leuchte in meine schon erreichten Ziele, damit ich nicht aufhöre dich zu suchen
schenk mir Großmut, damit ich über mich hinauswachse
Wo das Unsere sich wandelt und Gott im Herzen seinen Funken zurück lässt
Hier wird alles lebendig und verwandelt

Wenn du mich gebrauchen kannst,

Wenn du mich gebrauchen kannst, göttliche Weisheit,
mach mich zum Werkzeug deiner Kreativität.
Wenn du mich gebrauchen kannst, göttliche Armut,
mach mich zum Zeugen deiner Verbundenheit mit den Armen und Ausgegrenzten.
Wenn du mich gebrauchen kannst, göttliche Vorsehung,
mach mich zur Brücke deines Willens,
damit alle erlöst und gerettet werden.
Wenn du mich gebrauchen kannst, göttliche Treue,
mach mich zum Baustein deiner Versprechen zur Wirklichkeit.
Wenn du mich gebrauchen kannst, göttliche Hoffnung,
mach mich zum Weg der Orientierung zu einem erfüllten Leben.
Wenn du mich gebrauchen kannst, göttliche Liebe,
mach mich zum Übersetzer deiner Handlungen für unsere Kleingläubigkeit.
Wenn du mich gebrauchen kannst, göttliche Zuversicht,
mach mich zum Eckstein der Erkenntnis der Wahrheit.
Wenn du mich gebrauchen kannst, göttliche Nähe, mach mich zum Zeichen deiner Gegenwart und deines Wirkens hier und jetzt.

Aufbrechen

Aufbrechen, um das zu empfangen zu können,
was nicht von uns kommt
Aufbrechen, um nicht gebremst zu werden von dem,
was leblos war
Aufbrechen, um vor Ort zu sein für das,
was sich hier nicht finden lässt
Aufbrechen, um Raum geben zu können für Neues
Aufbrechen, um das in neue Formen zu bringen,
was noch modellierbar ist
Aufbrechen nach innen, um von dort aus Neues in Empfang
nehmen zu können
Aufbrechen zum Nächsten, um sein Dasein mit Segen
zu erfüllen
Aufbrechen zu Gott, weil er schon immer unterwegs ist zu uns.

Wo Gottes Weisheit erbeten wird, öffnet sie der Echtheit das Tor

Wo Gottes Güte gepriesen wird,
kann der Geist Zugang zur Wahrheit finden
Wo Gottes Sehnsucht nach uns Menschen Zutritt bekommt,
ist Hoffnung unterwegs
Wo Gottes Geist einem offenen Herzen begegnet,
kann seine Fülle Raum finden

Wo Gottes Barmherzigkeit einen Verirrten findet,
kann Leben neu beginnen
Wo Gottes Nachgehen einen Suchenden entdeckt,
kann er seine Heimat werden
Wo Gottes Liebe Aufnahme findet, wächst Leben und
Vertrauen.

Wenn ich mich meinem Gott stelle,

kann er mich erreichen und mir alles schenken,
kann er mir die Hand reichen
und mich zu seinem DU machen,
kann er meinen Geist erleuchten und mir Einsicht schenken,
kann er mich beschützen und mir seinen Herzensfrieden
schenken,
kann er mein Leben auf den Leuchter stellen für andere,
kann er durch mich Träume wahr machen im Glauben,
kann er Zeichen seiner Gegenwart setzen als Hoffnung,
kann er Brücken spannen über Gräben und Schluchten und
die versprochene Wandlung durch mich vollziehen.
Ja Herr, komm. Maranatha!

Der Große im Kleinen

Eine kleine Blume mit großen Augen betrachtet
Eine spontane Begegnung im großen Zusammenhang gesehen
Ein Lichtblick im Leben, ausgelöst durch einen Stern
Eine unerwartete Zusage, die offen vor uns liegt
Ein Ruf, der an mich ergeht, der mich meint und unerwartet Wege aufzeigt
Was gibt es Größeres, als im Kleinen dem Großen zu begegnen?

Gerufen – eine Einladung durch mein Leben

Gerufen beim Namen
– vielleicht mitten im Alltag oder in der Stille der Nacht
Gerufen durch Erlebnisse
– vielleicht im Absturz oder an Höhepunkten des Lebens
Gerufen durch einen Traum
– der mich nicht loslässt
Gerufen in einer stillen Stunde
– die aufbrechen lässt und Neues fordert
Gerufen im Überfordert-Sein
– mit dem Vorsatz, etwas zu ändern
Es kommt nicht darauf an, wann oder wo es war,
entscheidend ist meine Antwort auf den Aufruf.

Fragezeichen in meinem Leben

Wer bin ich, dass du mich im Gebet zum Dialog mit dir einlädst?
Wer bin ich, dass ich als dein Geschöpf dir begegnen darf und dir nahe sein kann?
Wer bin ich, dass ich in Worten ausdrücken kann, was mich in meinem Herzen bewegt?
Wer bin ich, dass du mir die Möglichkeit gibst, still zu sein und auf dich zu hören?
Wer bin ich, dass du mir deine Gegenwart und dein Wort überlässt?
Wer bin ich, dass du mir das Geheimnis deiner Gegenwart anvertraust?

Wenn die Armut ein Gesicht bekommt,

will sie dein Herz anrühren,
will sie dich zum Handeln herausfordern,
will sie dich in deiner Gleichgültigkeit aufrütteln,
will sie eine Antwort auf Augenhöhe,
will sie dich in den Ärmsten und Ausgegrenzten deine Geschwister erkennen lassen,
will sie dir in den Augen der Betroffenen einen Spiegel vorhalten,
will sie die Hoffnung auf Rettung aus aller Not aufleuchten lassen,
will sie die Weite deines Herzens ausloten,
will sie aus der Not eine Tugend machen.
Lass dich von ihr berühren – lass dich von ihr durchleuchten, lass sie dich ansprechen, lass dir in deiner oft nicht eingestandenen Not helfen.

Hoffnung zum Weitergehen

Hoffnung, eine Mitgift des Schöpfers

Ein Halm, an den wir uns klammern können
Ein Strahl, der uns Richtung geben kann
Ein Rettungsring, den es zu ergreifen gilt
Ein Wegweiser, der uns den nächsten Haltegriff zeigt
Ein Funke, der uns den Weg erkennen lässt
Ein Schimmer, wie groß die Barmherzigkeit Gottes ist
Ein Brückenschlag aus der Ohnmacht eigenen Wirkens
und ein Schlüssel zum Geheimnis der Erlösung.

Zeichen der Hoffnung

Leuchtende Augen von Kindern.
Hoffnungsvolle Blicke von orientierungslosen Menschen.
Berichte über selbstlose Einsätze für Ausgegrenzte.
Angstlose Helfer, die unter Trümmern Lebende suchen.
Schutz bietende Unterkünfte für Flüchtende.
Gastfreundliche Wohnungen und unvoreingenommene Quartiergeber.
Sind das nicht alles hoffnungsvolle Zeichen, dass auf dieser Welt genug für alle da ist,
dass das Gute siegen wird und Gott uns allen seine Freude am Leben schenken will?

Wer Hoffnung findet,

dem tut sich ein neues Tor auf,
der erkennt den nächsten Schritt zum Ziel,
der hat die Weisheit Gottes zur Schwester,
dem zeigt das Leben den Weg zur Wandlung,
dem hat der Glaube auf die Sprünge geholfen,
der hat nicht nur einen Teil, sondern das Ganze.

Geben wir Hoffnung,

wenn wir gefragt werden, was letztlich trägt,
wenn wir miteinander ringen um eine tragfähige Lösung,
wenn wir der Realität nicht entkommen können
und alles offen bleibt.
Wenn der letzte Zweig am Baum zu verwelken droht,
wenn die erhoffte Frucht ausbleibt und der Frost das Land
zufrieren lässt,
wenn der Wille zum Leben abnimmt und der Weg
herausfordernd und steil wird,
wenn die Freude und die Lust am Miteinander versiegt
und etwas Neues auf sich warten lässt.
Wenn das Erreichte sich als Alles aufbläst, aber nicht trägt,
wenn das selbst Geschaffene zwar Sicherheit bietet,
aber kein neues Wachsen ermöglicht,
wenn das Warten sich mit der Müdigkeit verbündet
und das „Genug“ sich breit macht.

Auf dem Weg zur Liebe

Bietet die Hoffnung einen Haltegriff zum Leben
Will die Hoffnung, dass wir den nächsten Schritt tun
Schenkt uns die Hoffnung Orientierung zum Ziel
Überlässt uns die Hoffnung echte Sicherheit
Überwindet die Hoffnung die innere Lähmung
Überbrückt die Hoffnung alle Abgründe
Gibt die Hoffnung das Vertrauen zum Schaffen
Macht die Hoffnung das Ziel frei.

Hoffnung ist der Bruder des Lebens

Hoffnung ist die Schwester des Vertrauens
Hoffnung ist die Tochter der Sehnsucht
Hoffnung ist der Sohn der Vernunft
Hoffnung ist die Mutter des inneren Wachsens
Hoffnung ist der Vater des liebenden Erbarmens Gottes.

Hoffnung ist eine Brücke

zwischen Glauben und Lieben,
zwischen Erleben und Realität,
zwischen Verzweiflung und Neuwerden,
zwischen Jetzt und Noch nicht,
zwischen SEIN und NICHT SEIN.

Gebet der Hoffnung

Liebender Gott, lass uns alles von dir erhoffen.
Die Hoffnung ist von dir in jedes menschliche Herz gegeben, um dann zu dir aufzuschauen, wenn das Leben in unseren Händen zerrinnt.
Lass uns festhalten, was wirklich trägt, und dir vertrauen, dass du uns nie im Stich lässt und uns den nächsten Schritt zeigen wirst.

Bitte um den Segen Gottes

Weil sonst jedes noch so schöne Wort Schall und Rauch ist,
weil das Wort deinen Geist braucht, damit es die Herzen bewegen kann,
weil die beste Frohbotschaft sonst in den Wind gesprochen ist,
weil das Wort Gottes nicht ohne Wirkung bleiben will,
weil deine Wegweisung zum Trost für die Menschen werden will,
weil ich durch meinen Dienst Leben weitergebe.
Damit ich dein Wort in der Kraft des Heiligen Geistes verkünde und bezeuge,
damit dein Wort vom ewigen Leben auf fruchtbaren Boden fallen kann,
damit dein Geist der Liebe die Herzen der Menschen erreicht,
damit dein Wort in den Angesprochenen zu wirken beginnt,
damit ihr Glaube gestärkt wird und die Freude ihr Herz bewegt.

Überdenken – wozu ich das alles auf mich nehme?

Überlegen – wie ich dem Leben auf die Spur komme!
Überschlafen – wenn ich das Handeln anderer nicht verstehe!
Verantwortung übernehmen – damit inneres Wachstum geschieht!
Erwartungen übertragen – damit ein gemeinsames Reifen beginnt!
Die eigene Ohnmacht überwinden – um aufzubrechen und ein realistisches Ziel zu finden!
Dem Schöpfer den Plan der Liebe überlassen – um den Weg zum Ziel zu gehen!

Ich vertraue darauf

Ich vertraue darauf, dass das Leben eine unwiederholbare Chance ist.
Ich vertraue darauf, dass ich die Kraft finde, heute gut zu leben.
Ich vertraue darauf, dass ich meine Kräfte richtig einsetze.
Ich vertraue darauf, Hilfe zu bekommen, wenn die eigene Kraft nicht ausreicht.
Ich vertraue darauf, dass meine Anstrengungen
den gewünschten Erfolg zeigen.
Ich vertraue darauf, dass mein Weg mit Gottes Hilfe
zu einem Ziel führt.
Ich vertraue darauf, dass du es bist,
der mich bisher getragen hat.

Gott, du bist

Gott, du bist für mich das Licht am Ende des Tunnels.
Du bist für mich der erste Strahl der aufgehenden Sonne.
Du bist für mich die Tür zu einem Leben, das unvergänglich ist.
Du bist für mich die erste Wahrnehmung der Wirklichkeit nach einem Traum.
Du bist für mich die Lösung nach einem orientierungslosen Suchen.
Du bist für mich der erste Blick auf das zu erreichende Ziel.
Du bist für mich der erste Schluck Wasser nach einer langen Durststrecke.
Du bist für mich die Antwort auf dem langen Fragen nach der Liebe.

Die Liebe erhofft alles,

was zum Leben kommen will.
Das Vertrauen erhofft alles, was noch aussteht.
Die Freude erhofft alles, was noch aufblühen will.
Die Zuversicht erhofft alles, was ich selbst nicht machen kann.
Das Unerfüllte erhofft alles von Gottes Verwandlung.
Das Geschehene erhofft alles von seiner Vergebung.
Die Betroffenheit erhofft einen guten Ausgang.
Die Leere erhofft ein Wunder eines Lebens in Fülle.
Der Weg der Hoffnung öffnet der Zukunft Tür und Tor.
Die Zuversicht der Hoffnung lässt mich nicht vom Ziel abkommen.
Das Festhalten an der Hoffnung gibt mir Kraft und Vertrauen.
Der Mut der Hoffnung wird mit reichen Früchten belohnt.
Der Atem der Hoffnung ist das ewige Leben.
Das Herz der Hoffnung ist die Freude Gottes an uns Menschen.
Die Hände der Hoffnung sind die Menschen,
die auf Gottes Hilfe vertrauen.

Zuversicht als Grundausstattung

Geborgen in Gott

Geborgen in Gottes Schöpfung darf ich aufatmen und mich freuen
Geborgen in Gottes Plänen darf ich auf seine Weisheit bauen
Geborgen in Gottes Barmherzigkeit darf ich Schuld zurücklassen.
Geborgen in Gottes Vorsehung darf ich mich ganz in seinen Willen ergeben.
Geborgen in Gottes Wirken heute darf ich teilhaben an seiner Kreativität und seinem Reichtum.
Geborgen in Gottes liebender Zuwendung darf ich offen sein für seine kleinen Zeichen der Nähe.
Geborgen in Gottes heilendem Handeln darf ich auch meine Wunden ihm hinhalten.
Geborgen in Gottes Güte darf ich ihm meine Defizite anvertrauen und um Vergebung bitten.
Geborgen in Gottes Gerechtigkeit darf ich meine Verfehlungen bekennen und um Kraft für einen ehrlichen Blick bitten.
Geborgen in Gottes Gegenwart darf ich um seine Verwandlung bitten, wo mich Versagen anklagt.
Geborgen in Gottes Liebe darf ich meine Liebe festmachen und um seinen Beistand bitten.
Geborgen in Gottes Freude kann ich diese Freude mit meinem Nächsten teilen.

Gott bitten

Um einen klaren Blick für die Zeichen der Zeit
Um das Erkennen der Nöte der Mitmenschen
Um Einsicht in die Realität des eigenen Lebens
Um eine hoffnungsvolle Aussicht auf einen authentischen Weg
Um eine von Weisheit geleitete Sicht auf kreatives Sein
Um eine geistgelenkte Ausrichtung der Lebenskultur.

Gott preisen

Für den Weg, den er mich bisher geführt hat
Für die Zeichen, die er mir auf meinem Lebensweg geschenkt hat
Für die wertvollen Einsichten, die mein Leben gelenkt haben
Für die Hoffnung, die mich immer wieder aufgerichtet hat
Für die Verantwortung, die er mir für die anderen zutraut
Für den Glauben, der mich geprägt und getragen hat
Für die Liebe, die ich empfangen und weitergeben durfte.

Zuversicht – jetzt

nicht Vertröstung – JETZT geschieht das WESENTLICHE,
nicht Aufschub – JETZT ist die Zeit reif dafür,
nicht Ablenkung – JETZT wird der große Zusammenhang sichtbar,
nicht das Negative aufzeigen –JETZT das GUTE und LEBENDIGE freilegen,
nicht das STARRE festhalten –JETZT dem WANDEL vertrauen.
Nicht sich in Frage stellen – NEUES erkennen
und sich von der ZUVERSICHT leiten lassen.

Zu den Menschen von der Zukunft sprechen

und dabei selbst fest an ein Leben in Fülle glauben.
Den Menschen Geborgenheit schenken
und dabei eine tragfähige Basis für eine lebendige Beziehung bieten.
Die Ängste der Menschen ernst nehmen
und dabei sie herausführen aus dem Gefängnis des eigenen Ichs.
Die kleine Freuden der Mitmenschen sehen
und ihnen eine Bühne bieten, diese auch mitteilen zu können.
Menschen helfen im Zurückblicken auf das, was schön war
und ihnen zutrauen, dass sie aus dem, was vor ihnen liegt, das Beste machen.

Offene Hände

Wer Gott seine Hand hinhält und ihn bittet,
wird für sich selbst und für seine ihm Anvertrauten genug empfangen. Wer mit offenen Ohren und dem Herzen auf Gottes Wort hört,
wird für sich selbst und seine Mitmenschen Antwort auf viele Fragen bekommen.
Wer Gott sein Herz öffnet, wird so viel Liebe erhalten, dass er nicht anders kann, als diese mit anderen Menschen zu teilen.
Wer Gott sein Leben und seine Zukunft anvertraut, kann ein Stück Erde zum Himmel machen.

Der Tod hat nicht das letzte Wort,

sondern das Leben.
Wenn wir es an Jesus festmachen,
wenn wir uns durch Jesus erlösen lassen.
Der Tod hat nicht das letzte Wort,
sondern der Glaube an die Auferstehung.
Wenn wir wie Jesus Gott vertrauen,
wenn wir wie Jesus das Leben in die Hände Gottes legen.
Der Tod hat nicht das letzte Wort, sondern die Liebe.
Wenn wir sie uns von Gott schenken lassen.

Selig

Selig die Hoffnungserfüllten – sie haben eine Kraft
gefunden, die ihnen die Angst vor der Zukunft nimmt
Selig die Freudenschwangeren – sie haben in sich ein Leben,
das sie in traurigen Zeiten glücklich macht
Selig die im Glauben Begründeten – sie sehen die Zeit und
ihre Probleme im Licht der Zuversicht und des Vertrauens
Selig die Gottvertrauenden – sie haben die Angst vor dem
Tod begraben, sodass sie dem Leben trauen
Selig die Leidgeprüften – sie glauben, dass sie in
Verbundenheit mit Jesus am Ende leben werden
Selig die Segenspender – sie vertrauen, dass sie im Namen
Jesu für ihre Lieben Segen weitergeben können.

Liebe,
die den Weg erhellt

Vom Wachsen und Werden

Ein Stück Weg liegt hinter mir – was ich bin,
ist nicht meine Leistung, nicht mein Wirken.
Vieles wurde mir in die Wiege gelegt,
anderes musste ich dem Leben abringen,
um das zu sein was ich bin.
Gewachsen in das Leben, empfangen im Geben und Nehmen,
gereift durch die Natur und die Menschen, gereift unter
Sonne und Mond,
in den Nächten der Unsicherheit und den Tagen der Liebe.
Geschenkt durch Vorgaben und Entscheidungen,
durch Herausforderungen und den Wandel der Zeit.

Geschehenes zurücklassen und Unabänderbares annehmen
ohne zu verstehen, warum es mir zugefallen ist.
Es bleibt nur die Gegenwart und die Chance,
sich der Dynamik des Lebens anzuvertrauen.
Still zu halten, damit das werden kann,
was uns überlebensfähig macht
Und zurück zu lassen, was kein Leben in sich birgt.
Ring für Ring sich prägen zu lassen,
damit wir in den Himmel hineinwachsen,
ohne die Lebenswurzeln aus der Erde zu reißen
und zu verdorren.

Auf ihre Niedrigkeit hat er geschaut

Auf meine bedingungslose Bereitschaft baut Gott sein Reich.
Auf meinen grenzenlosen Einsatz setzt er seine Hilfe.
Auf mein kreatives Mitwirken hofft er, wenn es um Lösungen geht.
Auf meinen unbegrenzten Glauben hin vertraut er mir Menschen an.
Auf mein Ich-bin-bereit setzt er seine Gegenwart.
Weil du mir vertraust, kann ich Berge versetzen,
weil du mir den Mut gibst, kann ich in deinem Namen Wunder tun,
weil du meine Hand führst, kann ich andere im Leben begleiten,
weil du mir die Kraft gibst, kann ich Menschen aufrichten.
Du bist es, der mir den Blick für die Not der Mitmenschen gibt.
Du bist es, der mir Kraft gibt, Trauernde mit deinem Wort zu trösten.
Du bist es, der verwandelt, damit ich in deinem Namen den Ärmsten dienen kann.

Meine Seele preist deine Größe

Hier bin ich, um dich zu preisen
für alles, was du mir anvertraust.
Für das Kleine, das durch dich groß wird,
für das Schwache, mit dem du mich stärken willst,
für das Unscheinbare, das du durch mich ins Licht rücken willst,
für das Begrenzte, dem ich in die Weite helfen darf,
für das Verborgene, das du durch mich sichtbar machen willst.
Für die in sich Verschlossenen, dass ich ihnen den Weg zur Freiheit zeigen kann.

Was können wir Größeres anbieten,

als das in Gott grundgelegte Vertrauen in seine Führung,
als die im Schöpfer des Lebens verankerte Zusicherung seiner Kraft,
als das von ihm verwandelte Brot des Lebens als Nahrung für den Alltag?
Als das vom Heiligen Geist erfüllte Wort der Frohbotschaft vom Reich Gottes,
als das Selbst als Vermittler des göttlichen Stromes der Gnade?

Dein Diener ist vom Herrn gerufen,

um das Kleine groß zu machen,
damit die Menschen Hoffnung haben,
um sich selbst hintanzustellen,
im Wissen, dass Gott genug bereitstellt.
Um dem Armen eine Chance zu geben,
zum Leben in Fülle zu kommen,
um das Verborgene ans Licht zu bringen,
wo die Not am größten ist,
um das Abgestorbene loszulassen,
um für Neues Platz zu machen.
Um dem Ausgegrenzten einen Zugang
zur Lebensfreude zu eröffnen,
um dem Abgeschriebenen die Wertschätzung
des Schöpfers zukommen zu lassen,
um den Austherapierten dort weiter zu führen,
wo das wahre Leben ist.
Um für Gott in dieser Welt einen Platz zu ermöglichen,
an dem er sich offenbaren kann.
Um dem angebrochenen Reich Gottes
ein Wegbereiter zu werden.

Mir von Gott für dich geschenkt: Gottesgeschenke

Ich will es mir dir teilen, was in meinem Herzen aufleuchtet.
Ich will es dir weiterschenken, was über mich hinausgeht.
Ich will es für dich festhalten, bis du Platz dafür hast.
Ich will für dich vor Gott hintreten, zu deinem und meinem Schöpfer.
Ich will selbst zurücktreten, um dir den Blick für das Gute und Schöne freizumachen.
Ich will mich als Bindeglied anbieten, als Brücke zwischen dir und Gott.
Ich will für dich da sein und mit dir die Größe und Vielfalt des Lebens entdecken.

Die Liebe zu leben, ist unser Weg

Der Liebe auf der Spur sein, wo immer sie aufleuchtet.
Der Liebe zum Leben helfen, wo erste Zeichen sichtbar werden.
Der Liebe nachspüren, wo sie ungeschützt heranreift.
Der Liebe Raum geben, damit sie uns durchdringen kann.
Die Liebe im Du zum Leben erwecken, damit sie uns gemeinsam erfüllen kann.
Der Liebe ein Gesicht geben, damit der Urheber allen Seins erfahrbar wird.

Die Liebe durch mein Leben zum Zeichen der Zuversicht machen, damit Neues wachsen kann.
Der Liebe durch geschenktes Vertrauen zum Durchbruch verhelfen.
Die Liebe als Lebensqualität zur Realität auf Erden werden lassen.
Der Liebe einen Raum auf dieser Welt geben, um Vergänglichkeit in Ewigkeit zu wandeln.

Nähe zweier Welten

Erfahren durch viele kleine Zeichen und Wunder,
beschenkt durch die Tatsache, ein Teil des Ganzen zu sein,
ermutigt durch die Erkenntnis, ein Gedanke im Traum des liebenden Vaters zu sein.
Überzeugt von der Tatsache, dass es ein gutes Werden gibt,
gezeichnet von den Überraschungen der Liebe der Glaubenden,
betroffen vom Wirken des großen Unbekannten im eigenen Leben.
Hineingezogen in die Sicht der Dinge durch die Kraft des Lebens,
erfüllt von Staunen über Geschenktes, das Hoffnung macht,
verpflichtet, es im Herzen zu bewahren bis es reif wird und Frucht bringen kann,
und erfahrbar durch Menschen, die ihr Herz Gott verschrieben haben.

Verwandle uns in Menschen der Liebe

Das Werden geschieht nicht ohne uns,
nur das Verdorren braucht nicht unser Zutun.
Was nicht geliebt wird, kann nicht werden,
weil ihm die Seele fehlt und der Atem stillsteht.
Was wir uns nicht zu eigen machen,
kann sich nicht entwickeln und wachsen.
Schenke deinen Ideen und Plänen deinen Atem,
damit sie sich entwickeln
und reifen können und aus Samen Früchte werden.
Greif zu, wenn dein Geist dir neue Möglichkeiten anbietet
und gib ihm Raum,
damit sich diese Chancen entfalten können.
Halte still, wenn etwas dein Herz bewegt
und aus der Betroffenheit Hoffnung wächst.
Lass dich einholen von der Zuversicht,
dass du zu mehr fähig bist als zu dem,
was hinter dir liegt und unveränderbar ist.
Lass das Unveränderbare, um Steine zu finden,
die von dir zu Kunstwerken bearbeitet werden wollen.
Schenke dem Beachtung, was dich auf die Suche
nach den Perlen des Lebens schickt
und dich auf die Spur des Vertrauens und Reifens bringt.
In Dankbarkeit für das „Geführt-Werden“ gib das weiter,
was dir Sinn bringt und Freude macht.
Werde, was du bist und sei, was dein Leben ausmacht.

Herr, mach mich zum Werkzeug deines Segens:

dass ich den Glauben bezeuge,
wo der Faden zum Himmel abgerissen ist,
dass ich den Weg vorausgehe,
wo Angst die nächsten Schritte lähmt,
dass ich Freude ausstrahle,
wo sich Traurigkeit breitgemacht hat,
dass ich Hoffnung bekunde,
wo alles aussichtslos erscheint,
dass ich Vertrauen schenke,
wo Misstrauen Leben behindert,
dass ich zur Umkehr einlade,
wo das Herz sich verirrt hat und in sich gefangen ist,
dass ich mich für Freiheit einsetze,
wo Zwänge und Grenzen nicht mehr atmen lassen,
dass ich mich selbst einbringe,
wo innere Leere sich breitmacht und Leben verhindert.
Mach mich zum Werkzeug deines Segens.

Franz Ferstl ist Ständiger Diakon und seit 45 Jahren im kirchlichen Dienst der Erzdiözese Wien tätig. Er ist verheiratet, hat vier erwachsene Kinder und zwei Enkel.